Zum Buch:

»Die Welt meiner Kindheit war eine Metzgerei. Ein Laden, eine Wurstküche, Kühlhäuser, ein Hof, unsere kleine Wohnung, ein Kinderzimmer, das ich mir mit meinem Bruder Thomas teilen musste. Von außen betrachtet ein romantischer Familienbetrieb, wo Arbeit und Leben ineinander übergingen. Wir spielten Verstecken zwischen speckigen Schweinehälften und rosigen Rindervierteln, wir bewarfen uns mit Kuhaugen und steckten unsere Arme als Mutprobe bis zur Schulter in blutverschmierte Eimer randvoll mit müffelndem Rinderpansen, glibberigen Kuhdärmen und qualligen Schweinelungen. Wir hatten eine wunderschöne Kindheit. Sie war schön und schrecklich zugleich.«

Zum Autor:

KLAUS REICHERT, geboren 1963 in Frankfurt-Höchst, wuchs in einer Metzgerfamilie auf. Er arbeitet als freier Journalist fürs Radio und ist Kommunikationsberater eines Bestattungshauses. Zudem gehört er zu den Gründern der Künstlergruppe Gotensieben, deren Ausstellung »Metzgerei Seele & Söhne« große Beachtung fand. Mit seinem Bruder Thomas, der den Familienbetrieb übernahm, verbindet ihn eine enge Beziehung, bei der es häufig um die Wurst geht. Beide leben im Frankfurter Raum.

haxenreichert.de

KLAUS REICHERT

»ESST MEHR WORSCHT«

DIE WELT VON HINTER DER FLEISCHTHEKE

HarperCollins

Die Erstausgabe erschien 2020 unter dem Titel
Fleisch ist mir nicht Wurst. Über die Wertschätzung unseres Essens und die Liebe meines Vaters zu seinem Beruf bei HarperCollins als Paperback.

Die Ereignisse meiner Kindheit habe ich hier wahrheitsgetreu aufgeschrieben. Auf die Suche nach dem Franßenhof sollten Sie sich nicht machen, die Geschehnisse haben an verschiedenen Orten mit unterschiedlichen Menschen stattgefunden und wurden für den Text verdichtet und literarisch bearbeitet. Teilweise wurden Namen und Orte verändert.

1. Auflage
Ungekürzte Ausgabe im
HarperCollins Taschenbuch

Dieses Werk wurde vermittelt durch die
Michael Meller Literary Agency GmbH, München
Umschlaggestaltung von Hauptmann & Kompanie, Zürich
Umschlagabbildung und die Bilder im Innenteil
stammen aus dem Privatbesitz des Autors: © Klaus Reichert
Abdruck der Frühstücksbrettchen »Schwein« und »Rind«
mit freundlicher Genehmigung des
Deutschen Fleischer-Verbands e.V.: www.fleischerhandwerk.de
Gesetzt aus der Stempel Garamond
von GGP Media GmbH, Pößneck
Druck und Bindung von CPI books GmbH, Leck
Printed in Germany
ISBN 978-3-365-00024-3
www.harpercollins.de

Klimaneutral
Druckprodukt
ClimatePartner.com/15109-2009-1001

FSC
MIX
Papier
FSC® C083411

**»JE WENIGER DIE LEUTE DAVON WISSEN,
WIE WÜRSTE UND GESETZE GEMACHT WERDEN,
DESTO BESSER SCHLAFEN SIE.«**[1]

zugeschrieben Otto von Bismarck

**»ESST WORSCHT,
ES BROT MÜSSET MERR KAUFETT.«**

Oma Friedel

INHALT

1

DIE FABELHAFTEN BUTCHERBOYS

Wie alles begann

»Knaargh!«

Dieses Geräusch begleitet mich schon mein ganzes Leben lang. Es ist ein trockenes, stumpfes Knacken, das nicht nur durch die Ohren in den Körper eindringt. Man spürt es unter der Haut, in den Armen, den Wangen und vor allem in der Brust. Dieses »Knaargh!« ist unvergleichlich, einmalig, und es ist grausam und Furcht einflößend, denn es bringt den Tod.

Ich war fünf Jahre alt, als das Geräusch zum ersten Mal an meine Ohren drang und sich als frühste und zugleich schrecklichste Kindheitserinnerung tief in mir eingrub. Mir standen bei diesem ersten Erlebnis einer Schlachtung, der ich zusehen sollte, die Haare zu Berge.

Im Verlauf meiner Kindheit und Jugend wird das immer wieder passieren. Schon bald nach meiner Geburt hatte sich auf meinem Kopf ein Haarwirbel gezeigt. An guten Tagen verwirbelten sich meine Haare zu einer Art Fragezeichen, an schlechten Tagen standen sie einfach nur stramm in die Höhe. Es sah immer ein bisschen so aus, als hätte ich gerade in die Steckdose gegriffen. Die Erwachsenen um mich herum versuchten ständig, den Wirbel platt zu drücken. Es war wie ein festes Ritual. Anderen Kindern wurden die Bäckchen getätschelt, oder es wurde ihnen an den Ohrläppchen gezogen. Mir drückten meine Eltern, Großeltern, die Metzgereiverkäuferinnen, die Metzgergesellen, Onkel und Tanten, eigentlich alle Erwachsenen, immer den Wirbel platt, der sich Sekunden später wieder aufrichtete.

Es muss eine symbolische Bedeutung auf sich haben mit meinen Haaren, denn dass ich ein sensibles Kind sein könnte, das von dem, was um es herum passierte, zwischenzeitlich geschockt war, darauf kam damals keiner. Sensibilität hielten die Menschen in meiner Welt für eine Art Schwindsucht, der man am besten mit einer großen Portion Ignoranz begegnete und dadurch eben plattmachte.

Die Welt meiner Kindheit war eine Metzgerei. Ein Laden, eine Wurstküche, Kühlhäuser, ein Hof, unsere kleine Wohnung, ein Kinderzimmer, das ich mir mit meinem Bruder Thomas teilen musste. Von außen betrachtet ein romantischer Familienbetrieb, wo Arbeit und Leben ineinander übergingen. Wir spielten Verstecken zwischen speckigen Schweinehälften und rosigen Rindervierteln, wir bewarfen uns mit Kuhaugen und steckten unsere Arme als Mutprobe bis zur Schulter in blutverschmierte Eimer randvoll mit müffelndem Rinderpansen, glibberigen Kuhdärmen und qualligen Schweinelungen. Wir hatten eine wunderschöne Kindheit. Sie war schön und schrecklich zugleich.

Bauernhöfe sind nur im Kinderkanal eine Idylle. In Wirklichkeit sind sie Mast- und Zuchtfabriken oder, wenn es eine Nummer kleiner sein soll, wie der Hof meiner Vorfahren im schwäbischen Großallmerspann, eine gebückte Häuserschar, die in einem Freilichtmuseum aufgebaut dazu dienen könnte, den Besuchern klarzumachen, wie karg, eintönig und hart das Landleben früher war. An den Wänden des Kobens kroch der Schwamm hoch und durch die aufgeklappten Fenster mit den blinden Scheiben zog der scharfe Gestank der Schweinepisse und Kuhscheiße nach draußen über den Hof. Für Stadtmenschen roch es nach Landluft, für Bauern ganz normal.

Die Reicherts waren einfache Leute. Mein Großvater Hans hatte elf Geschwister. Die meisten heirateten in die Höfe der Nachbarschaft ein und blieben in Sichtweite ihres Elternhauses. Die Menschen waren arm und katholisch. Beides schweißte sie zusammen. Man sorgte füreinander und blieb unter sich. Auch weil die Protestanten, die das Dorf in Hohenlohe umzingelt hatten, die Katholiken kräftig ausgrenzten. Als die Not groß war, machte sich der junge Hans Reichert auf den Weg nach Frankfurt am Main, um dort sein Glück zu suchen. Er gründete eine Metzgerei in einem Vorort im Westen der Stadt und sorgte bald aus der Ferne dafür, dass seine Brüder und Schwestern auf der kleinen Scholle überleben konnten.

Zwei Generationen später waren aus den Frankfurter Reicherts bereits Städter geworden. Mein Bruder Thomas und ich bestaunten aus dem Fenster unseres Zimmers die mal gelb, mal tief schwarz rauchenden Schornsteine der Farbwerke Hoechst AG.

Mit einem freundlichen »Rotes Fahrrad, dicke Klicker, guck, da kommt ein Rotfabriker!« begrüßten die Fleischereiverkäuferinnen in Opas Metzgerei die Arbeiter aus dem Werk. Dass hinter der Backsteinmauer die Farbe Rot hergestellt wurde, wussten wir, weil die Männer aus der Fabrik über und über mit rotem Staub eingezuckert waren. Dass mit den Klickern nicht die kleinen Glaskugeln gemeint waren, mit denen wir im Brüningpark Murmeln spielten, blieb noch viele Jahre das Geheimnis der Mädels an der Wurstschneidemaschine.

Im Werk wurde Tag und Nacht gearbeitet, es stank nach Chemiebaukasten, manchmal regnete es Asche, und im Winter fiel Industrieschnee, Flocken dick und rotbraun wie Kastanien.

Auch in der Tierwelt gab es ein paar Besonderheiten, wie sie wohl nur in der Nähe eines Chemiebetriebes der 1960er-Jahre zu bestaunen waren. Die Fische im Main trieben meistens auf dem Rücken an uns vorbei. Angeln brauchten wir nicht, in Ufernähe konnten wir die Fische einfach mit der Hand greifen und aus dem Wasser ziehen, was streng verboten war. Ab und zu streunte im Brüningpark eine rote Katze durchs Gebüsch. Die Tiere wurden angeblich in den Labors des Betriebs für Tierversuche gezüchtet. Da fast alles, was durch das Werkstor nach draußen gelangte, rot eingepudert war, konnten wir die Herkunft der seltenen Katzenart leicht bestimmen. Einmal beobachteten wir, wie ein Rotfabriker ein noch sehr junges rotes Kätzchen anlockte, auf den Schoß nahm und streichelte, was ebenfalls streng verboten war: »Keine Fische und keine roten Katzen anfassen!« Der Fabrikarbeiter entdeckte uns und winkte uns zu sich. Aber auch das hatten uns unsere Eltern verboten: »Wenn fremde Männer winken, dann geht ihr nicht hin!«, hatte uns Mama eingeschärft. Wir blieben also in sicherer Entfernung und behielten den Mann im Auge. Er stand auf, nahm das Katzenjunge in die rechte Hand, lächelte und kitzelte das Tierchen mit dem Zeigefinger an seinem roten Bäuchlein. Dann holte er aus und warf das Rotkätzchen mit Wucht an die Wand. Die kleine Katze fiel zu Boden und miaute jämmerlich. Ihre Beinchen strampelten hilflos in der Luft. Von dem Mann mit der Faust ins Gesicht geschlagen zu werden hätte sich für mich nicht schlimmer anfühlen können. Mein Mund und meine Augen waren weit aufgerissen. Ich keuchte und würgte, aber es drang nichts aus meinem Innern, außer einem leisen Wimmern. Der Rotfabriker hob die Katze auf, nahm nun mit seinem ganzen Körper Schwung und schleuderte das Tier diesmal mit großer Kraft an die Mauer. Das Miauen erstarb in dem Moment, als der Leib des Katzenbabys stumpf auf der Steinmauer aufschlug. Reglos blieb das Tier liegen, und der Mann ging achtlos, ohne sich noch mal nach uns umzusehen, davon. Die Katze war mausetot. Meine Haare ragten kerzengerade in die Luft.

Ich hob den kleinen Leichnam auf und hielt ihn wie ein Baby im Arm. Wir verbuddelten das Rotkätzchen im Schatten der Werksmauer unter einem Ginsterbusch.

Die Stadt war für Tiere ein feindlicher Ort. Auf dem Land schien das anders zu sein. Katzenbabys waren grau getigert und hießen Muschi, Mausi oder Mikesch. Meine Tanten und Cousinen, die eigentlich die Tanten und Cousinen meines Vaters waren, brachten uns bei, dass man das Fell nicht gegen den Strich streichelt und den Tieren auf keinen Fall die Barthaare ausreißen darf, da sie sonst beim Sprung vom Dach nicht auf den Füßen landen würden.

Für uns Stadtkinder war der Hof in Großallmerspann, von dem unser Großvater stammte, das Paradies. Ein endloses Summen, Gackern und Muhen.

Wir spielten Verstecken im nach Löwenzahn und Butterblume duftenden Heu und machten Purzelbäume im feuchtwarmen Gras hinter dem Hühnerhaus. Wir patschten barfuß durch die

Kruste lehmiger Kuhfladen und durften an dem Strick ziehen, mit dem die kleinen Kälbchen an ihren Vorderläufen aus einem faltigen Loch unter dem Kuhschwanz in die Welt gezogen wurden. Es gab ein Plumpsklo, auf dem Küchenherd blubberte die Milch, und Tante Maja, Tante Fränze und Tante Helene trugen über ihrem Dutt ein Kopftuch. Wir spürten die rauen Hände von liebevollen Menschen, die uns Kindern in die Wangen kniffen und die Köpfe tätschelten – mir natürlich den Wirbel –, die viel Zeit hatten, wenig sprachen und noch weniger lachten und die mit uns, wie mein Onkel Anton, mit dem Traktor gemächlich über die Felder Hohenlohes tuckerten.

An dem Tag, als ich und die Idylle des Hofes ihre Unschuld verlieren sollten, hatte mein Vater Willi uns und Opa Hans in seinem alten VW Käfer nach Großallmerspann kutschiert. Nach der Ankunft hatten sich Papa und Opa schweigend umgezogen. Sie trugen ihre gestreiften, groben Metzgerkittel, wächserne Schürzen und grüne Gummistiefel.

Onkel Anton führte ein Schwein aus dem Stall auf den matschigen Hof hinaus. Ich war sehr aufgeregt, da ich die Schweine bisher immer nur dann habe sehen können, wenn mein Onkel mich hochgehoben und über das Gatter hat schauen lassen. Einem der Tiere jetzt von Angesicht zu Angesicht gegenüberzustehen, machte mir Angst. Ich wäre gerne weggelaufen, konnte aber keinen Fuß vor den anderen setzen. Mein Bruder Thomas traute sich ganz nah ran und kraulte das Schwein hinter den Ohren. Die Wutz grunzte genüsslich. Sie war es gewohnt, in der Nähe von Menschen zu sein. Das Tier vertraute der Hand, die es fütterte. Sanft, aber mit Nachdruck schob mich Papa mit seinen riesigen Händen zur Seite. Die Hände meines Vaters waren rau und voller Hornhaut und Narben. Da er mich nie geschlagen hat, habe ich sie als zärtlich in Erinnerung behalten. Oft griff er mir wie einem jungen Welpen von hinten in den Nacken und delegierte mich so sachte in die Richtung, in die er mich haben wollte. Das Schwein stand nun ganz still und beäugte neugierig die Runde. Ich spürte die Aufregung der Erwachsenen und die Konzentration meines Vaters. Er griff zu einem Ding, das ich noch nie vorher gesehen hatte. Es steckte in einem Holzblock. Papa schaute mich an und lächelte: »Ist 'ne Axt.«

Ich berührte mit meinen kleinen Fingern das kalte Eisen. Thomas kletterte auf den Holzblock, um einen besseren Überblick zu haben. Die ganze Verwandtschaft aus dem Ort hatte sich auf dem Bauernhof der Reicherts versammelt. Ich spürte, dass hier etwas ganz Besonderes passieren würde. Meine Onkel, Tanten, Cousinen und die versammelte Dorfjugend waren voller Vorfreude und feuerten meinen Vater an: »Auf geht's, Willi!«

Schwein, noch am Stück.

»Vorsicht jetzt!«, nickte Papa mir zu.

Ich ließ die Axt nicht aus den Augen. Mein Vater packte den langen Stiel und hob die Axt über seinen Kopf. Er drehte den Schaft so, dass nun nicht die Schneide, sondern der klobige hintere Teil – die Schlagplatte – nach vorne wies. Stille.

Gebannt schauten alle auf den Metzgermeister aus der großen fernen Stadt. Die Menschen aus dem Dorf bewunderten Willi, den Sohn von Hans Reichert, der vor über 30 Jahren Großallmerspann verlassen und in Frankfurt-Höchst den Grundstein für den bescheidenen Wohlstand der Familie gelegt hatte.

Papa biss die Zähne zusammen und zog zischend Luft in seine Lungen, seine Augen quollen vor Anstrengung hervor. Sein Gesicht verzog sich zu einer Grimasse, die ich vorher noch nie gesehen hatte. Er stöhnte laut auf, während die eiserne Wange herunterraste. Mit aller Gewalt schlug mein Vater die Axt auf den Schädel des Schweins.

»Knaargh!«

Die Hinterläufe des Tieres knickten weg, und das Schwein fiel zur Seite um. Mein Vater hatte mit seiner ganzen Kraft den Schädel des Tieres zertrümmert. Die Lefzen flatterten bei seinem letzten Atemzug. Ein heftiges Zittern wanderte durch den massigen Körper des Schweins und sprang dann auf mich über. Ich konnte mich nicht dagegen wehren, es war gerade so, als würde das entweichende Leben noch einen Umweg durch meinen kleinen Kinderkörper nehmen. Mit dem Zittern drang das Knacken in mich ein und würde mich nie wieder verlassen. Der Wirbel auf meinem Kopf vibrierte. Ich hatte den Tod des Tieres in meinem Innern spüren können. Da war ein monströses Nichts, eine tonnenschwere Angst, Zeit, die nicht vergehen wollte, totale Einsamkeit und die Gewissheit, dass der Tod uns alle irgendwann holen würde. Harter Stoff für einen Fünfjährigen, aber so war es.

Durch die Menge der andächtig schweigenden Zuschauer ging ein kollektives Aufatmen. Tante Fränze und Tante Helene klatschten in die Hände. »Gud gmächt, Willi!« Mein Bruder sprang lässig von seinem Aussichtsblock auf einen Strohballen, dann zu Boden und ließ sich von Onkel Anton auf den Bauch des sterbenden Tieres heben, um aus nächster Nähe zu beobachten, was weiter passieren würde.

Mein Vater zog mich nah zu sich heran. Er hockte vor dem Schwein, das er gerade erschlagen hatte. Ich spürte die Wärme, die von dem sterbenden Körper ausging, und streckte die Hand aus, um das Tier zu streicheln. Zu meiner abgründigen Angst und stillen Verzweiflung gesellte sich ein weiteres Gefühl. Ich hatte Mitleid mit der Kreatur. Mein Vater zog sein Ausbeinmesser aus dem Köcher und hielt es in der rechten Hand. Mit der Linken griff er nach meinen kleinen Händchen, damit sie ihm nicht in die Quere kommen konnten. Seine Pranke umschloss meine Finger. Langsam führte er das Messer an die richtige Stelle am Hals des Tieres. Dann stieß er zu. Das Blut rann über seine Hand. Als er das Messer aus der Wunde zog, zischte eine rote Fontäne aus dem Hals des Tieres und klatschte mir ins Gesicht. Ich wollte schreien, es kam aber kein Laut aus meiner Kinderkehle. Die umstehenden Schlachtgehilfen lachten, und eine meiner Tanten schob eine Blechschüssel unter den klaffenden Schnitt, aus dem die letzten Herzschläge das Blut pumpten.

»Aus dem Bübele wird amol kei Metzger!«, bemerkte Tante Maja und begann den rot blubbernden Saft zu schlagen, damit er nicht gerann. Mein Vater hob mich lächelnd hoch und wischte mir mit seinem Taschentuch das Blut aus den Augen. Ich sah aus wie nach einem Frontalzusammenstoß, war aber unverletzt. Zumindest von außen. Thomas rutschte vom Bauch des Schweins und ging neben der Blechschüssel in die Hocke. Er steckte seine Finger in die warme Flüssigkeit und malte damit zwei Streifen auf seine Backen. »Komm, wir spielen Winnetou. Ich bin der Häuptling.« Doch an Spielen war noch nicht zu denken. Das Schwein wurde erst mit heißem Wasser überbrüht, damit sich die Borsten leichter entfernen ließen. Das sollten wir Kinder übernehmen. Mein Vater drückte uns die Glocken in die Hand, metallene Becher in Glockenform, mit denen wir das Tier abschabten. Opa Hans nickte seinem Sohn kurz zu und signalisierte ihm so, dass er mit seiner Arbeit zufrieden war. »Net geschännt is gelobt!« Opa Hans, mein Vater Willi und auch mein Bruder Thomas später hielten sich nie mit Lobhudeleien auf.

Opa holte aus der Scheune einen überdimensionalen Bunsenbrenner und flämmte über das Tier, sodass auch die letzten Härchen weggekokelt wurden. Es stank auf dem Hof nach verbrannten Borsten, Männerfürzen und Blut.

Nachdem das Tier an den Hinterläufen aufgehängt worden war, stach unser Vater sein Messer in Höhe des Pos in das leblose Schwein, die Beckenfuge riss auf, und mein Vater stemmte sich mit dem Messer in der Hand in die geöffnete Bauchhöhle und drückte das Messer mit der Spitze nach außen nach unten, Bauch und Brustbein spreizten sich auseinander. Diese Schneidetechnik wurde angewandt, um die Därme und Organe nicht zu beschädigen.

Mit den Händen drängte er den klaffenden Bauch und Brustraum auseinander und zog die Därme, den Magen, die Leber und die anderen Organe raus zu uns ins Freie. Die Innereien baumelten vor unseren Nasen herum und wurden aus nächster Nähe in Augenschein genommen. Ich fand das kein bisschen eklig, meine

Neugierde war mittlerweile viel größer als meine Angst, auch weil die Menschen um mich herum ruhig und gelassen das taten, was getan werden musste. Die anfängliche Aufregung der Erwachsenen war der Routine gewichen. Ich stupste mit meinem kleinen Zeigefinger an einen graublauen Sack, der weich und warm war.

»Da is de Maga, de Bauch«, klärte mich Onkel Anton auf und deutete mit seinem Zeigefinger in Richtung meines Bauchnabels. Ich nahm einen dünnen Schlauch in die Hand und drückte zu. Grünliche Pampe quatschte davon.

»De Darm«, erklärte mir Tante Fränze und schnitt den Schlauch am Magenausgang ab. Alles zusammen landete in einem großen Bottich und wurde mit warmem Wasser übergossen. Mein Vater löste aus der Brust des Tieres einen braunroten Fleischklumpen und drückte ihn vor meinem Gesicht zusammen und auseinander.

»So hat des Herz geschlache.« Solche Bilder kennt die Generation nach uns nur aus Splatter- und Zombiefilmen.

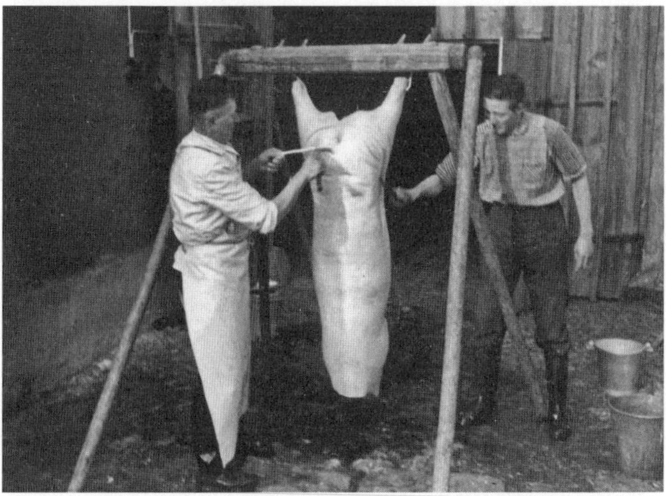

Kopfloses Schwein, Opa Hans und Papa Willi.

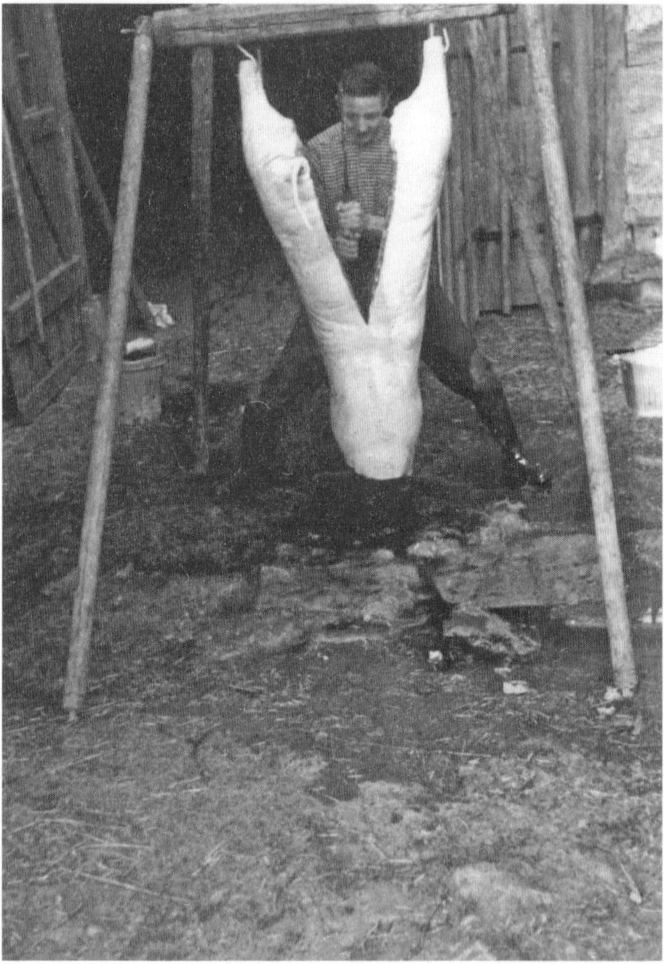

Papa zerlegt das Schwein.

Tante Fränze und Tante Helene schlugen immer weiter in einer großen Schüssel das Blut, später wurde daraus Blutwurst gemacht. Unser Vater schnitt die restlichen Innereien fachmännisch von dem Schweinekörper ab und hackte das tote Tier mit der Axt in zwei Hälften. Die Panik, die beim Töten durch meinen Körper gewabert war, war bereits einer stillen Neugierde gewichen. Mein anfängliches Entsetzen wurde von meinem kindlichen Forscherdrang überlagert. Ich konnte meinen Blick nicht mehr von dem Geschehen abwenden und war Jahre später der Einzige, der im Kino nicht die Augen schloss, als sich Leonardo DiCaprio als *The Revenant* vor Kälte bibbernd in einen ausgenommenen Pferdekadaver verkroch.

An das stumpfe »Knaargh«, dieses grauenvolle Geräusch, das nur eine Axt beim Aufprall auf den Schädel eines lebendigen Wesens erzeugen kann, muss ich jetzt viele Jahre später denken.

Dieses Mal trage ich den groben Metzgerkittel, eine wächserne Schürze und grüne Gummistiefel. Thomas hat mich mit seinen Arbeitsklamotten ausstaffiert. Er ist mittlerweile Metzgermeister und Präsident der Frankfurter Fleischer-Innung, und er führt unseren Familienbetrieb in dritter Generation erfolgreich weiter. Ich erwische mich auch nach Jahrzehnten immer noch dabei, dass ich von »unserer« Metzgerei rede, obwohl ich diesen Beruf nie gelernt habe. Mein Bruder ist in die Fußstapfen von Willi Haxen-Reichert getreten, der die Firma von seinem Vater Hans Reichert übernommen hat. Auf der Skala der am wenigsten angesehenen Tätigkeiten rangiere ich mit meiner Arbeit vielen Umfragen zufolge unterhalb des verlorenen Ansehens der Metzgerzunft. Ich bin Journalist geworden. Hinter mir folgen nur noch Politiker.

Heute ist Schlachtfest auf dem Franßenhof im Rheingau, ein Showbetrieb, der Kindern lustiges Landleben vorgaukelt und unter der Hand gelegentlich den interessierten Kunden des hofeigenen Bioladens anbietet, bei einer Hausschlachtung dabei zu sein. Hausschlachtung hat als Begriff heute allerdings ausgedient. Die Menschen, die dem Metzger bei seinem blutigen Handwerk über die Schulter schauen wollen, sind Gäste eines Schlachtfestes. Sie wollen wissen, wo ihr Essen herkommt und wie aus dem Schwein eine leckere Fleischwurst wird. Es sind mündige Konsumenten, die nicht nur behaupten, die Natur zu lieben, und sie dann aber oft nur aus der neuesten »Landlust« kennen. Es sind Menschen, denen es nicht mehr reicht, sich mit dem Bioetikett ein gutes Gewissen zu kaufen. Diese Leute sind schon einen Schritt weiter. Sie wollen mit eigenen Augen sehen, was passieren muss, damit wir leben können wie im Schlaraffenland.

Die Schlachtfestgäste starren mich an. So müssen sich im Mittelalter Henker gefühlt haben, bevor sie die Delinquenten ins Jenseits beförderten. Zum ersten Mal verstehe ich, dass die Henkerkapuzen nicht nur eine morbide Tracht waren. Gerne würde ich jetzt so eine Kapuze tragen.

Ich soll nicht, wie einst mein Vater, mit einer Axt zuschlagen. Ich soll humaner sterben lassen. In meiner Hand halte ich unbeholfen einen Bolzenschussapparat. Auch dieses Tötungsgerät gehörte meinem Vater. Warum er ihn damals in Großallmerspann nicht benutzt hat, kann ich ihn leider nicht mehr fragen. Mein Vater Willi ist mittlerweile dort, wo ich das Schwein vor mir hinbefördern soll. Ich hoffe, dass mein Vater trotz der vielen Tiere, die er geschlachtet hat, einen gemütlichen Platz im Jenseits gefunden hat, vielleicht sogar im Himmel. Bestimmt, denke ich und ermahne mich, bei der Sache zu bleiben. Meine Gedanken schweifen immer wieder ab, fast so, als würde mein Unbewusstes hart daran arbeiten, zu verhindern, was getan werden muss und jeden Tag vieltausendfach, wenn nicht sogar millionenfach getan wird.

Der Eber Engelbert muss heute dran glauben. Das Schwein ist schon etwas über die Zeit. Das Fleisch von älteren Tieren fängt an zu stinken. Der Ebergeruch ist für die feinen Nasen der Fleischliebhaber eine Zumutung. Aber es gibt da einen Trick, der auch dieses Fleisch genießbar macht. Engelbert wurde vor acht Wochen einer kleinen Operation unterzogen. Die Bäuerin Judith Franßen hat ihm die Hoden abschneiden lassen.

Ich hatte das dringende Bedürfnis, mir schützend in den Schritt zu fassen, als Thomas mir diese Details aus dem Leben von Engelbert und seiner Verwandtschaft auftischte.

Nach einer kurzen Betäubung baumelte da nichts mehr zwischen den Hinterbeinen des stolzen Edelebers. Die dicken Klöten waren jahrelang für die Besucher des Hofes ein echter Hingucker gewesen. Die meisten Ferkel werden schon Stunden nach der Geburt kastriert, da sie von vornherein keine Zukunft als Zuchttiere haben, sondern als Kotelett in die Fleischtheke wandern werden. Bei den meisten Ferkeln spart man sich die Betäubung, was eine echte Schweinerei ist.[2]

Mein großer Bruder war immer der unbestrittene Thronfolger unserer Metzgerdynastie. Hart im Nehmen, noch härter im Austeilen, ein unerschrockener Haudrauf, mit dem man besser keinen Streit anfing. Und ich schon gar nicht. Er nahm sich, was er wollte, anfangs meine Legosteine, später dann mein Bonanza-Rad und noch später meine Led-Zeppelin-LPs. Ich habe mich kein einziges Mal getraut, die Faust gegen ihn zu erheben, was auch schwierig geworden wäre aus dem eisernen Schwitzkasten heraus, in dem ich regelmäßig bei der kleinsten Meinungsverschiedenheit landete. Mein Bruder war schon als kleiner Junge ein Alphatier, ein Chef, der alle nach seiner Pfeife tanzen ließ. Für mich hatte das den Vorteil, dass sich in unserem Viertel keiner an mich rantraute, und wenn ich doch mal ein paar Backpfeifen einstecken musste, hat Thomas den Jungs die Fresse poliert. Bis heute hilft mir der Gedanke, dass im Fall der Fälle mein Bruder die Keule auspacken und mich beschützen würde. Das Wort Bruderliebe muss für uns erfunden worden sein.

Jetzt erwartet mein großer Bruder von mir, dass ich anpacke und das mache, womit er seit Jahrzehnten seinen Lebensunterhalt verdient und womit meine Familie dafür gesorgt hat, dass ich Abi machen und zur Uni gehen konnte und bis heute ein angenehmes Leben führe.

Der rosige Körper des Schwäbisch-Hällischen Landschweins hat große schwarze Flecken, die ihm ein lustiges, clownhaftes Aussehen verleihen. Engelbert ist der Star bei den Kindern, auch wegen seines freundlichen Gemüts und der unendlichen Geduld, mit der er sich betatschen lässt, vorausgesetzt, die Kinder werfen ihm eine Handvoll Pressfutter hin, das man neben seinem Gatter an einem umgebauten alten Zigarettenautomaten ziehen kann.

Heute gibt es kein Futter für den Eber. Heute wird gestorben. Engelbert schmiegt sich an meine Hüfte. Er ist die Nähe von Menschen gewohnt. Er vertraut mir. Er hebt den Kopf und schaut mir freundlich in die Augen.

»Auf jetzt!«, fordert mein Bruder mich auf. Thomas hat an seinem Gürtel den Köcher mit den Ausbeinmessern und einen Stahl hängen. Damit schärft er das Messer, das ich Engelbert gleich in die Halsschlagader rammen soll. Auch mein Vater hatte damals einen solchen Stahl am Gürtel, und die Aussicht, gleich dem Tier die Gurgel durchzuschneiden, schickt mich in Gedanken noch einmal auf die Reise zurück zu einer meiner frühesten Kindheitserinnerungen.

Ein Landtierarzt rumpelte in einem alten Opel Olympia auf den Hof in Großallmerspann. Der Mann trug einen grauen Kittel, er scherzte mit den Bäuerinnen, rauchte mit den Männern eine filterlose Zigarette, dann zwickte er mit einer Pinzette mehrere Proben aus dem toten Tier, platzierte sie auf winzigen flachen Scheiben und schob diese unter ein vorsintflutliches schwarzes Mikroskop, das auf der Ladefläche seines Kombis angeschraubt war. Alle Kinder durften eines nach dem anderen einen Blick durch das Okular werfen. Ich starrte auf das Präparat, das wie eine ameisengroße Wurst in einer durchsichtigen Flüssigkeit schwamm.

»*Kein Befund*«, stempelte der Tierarzt auf einen fleckigen gelben Zettel, drückte das Papier Tante Fränze in die Hand und packte eine Blase mit schlachtwarmer Blutwurst auf den Beifahrersitz.

In der Nacht träumte ich davon, dass vor meinem Bett eine riesige Pfütze aus Millionen ameisengroßen Würstchen zu einem lebenden Schwein verschmolzen.

»Auf geht's, die Leute wollen Blut sehen!«, flüstert mein Bruder mir ins Ohr und holt mich aus meinen Erinnerungen zurück auf den Franßenhof. Thomas hat manchmal eine schonungslose Art, die Dinge auf den Punkt zu bringen. Aber natürlich hat er recht. Die Gäste auf dem Franßenhof erwarten auch eine gewisse Form von Nervenkitzel. Es ist wie im Fernsehen oder im Kino, der Tod ist immer ein spannender Moment. Denken Sie an die spannende Szene, die das Eis brach zwischen der erschütterten Agentin Clarice Starling und ihrem liebevollen Mentor, dem einfühlsamen Massenmörder Hannibal Lecter, in dem Film »Das Schweigen der Lämmer«[3]. Nur schweigen bei uns halt keine Lämmer, sondern gleich der Eber Engelbert.

Auf dem Franßenhof soll ich den Eber heute ganz real ins Jenseits befördern, damit Metzgermeister Thomas Reichert schlachtwarme Leberwurst aus ihm machen kann.

Mein Bruder ist der Letzte, der Tiere töten würde, um den Leuten einen Schauer über den Rücken zu jagen. Ihm geht es bei diesen Schlachtfesten um etwas anderes. Er will etwas sichtbar machen, was normalerweise unsichtbar bleibt. Über 55 Millionen Schweine und 3,4 Millionen Rinder werden jedes Jahr in Deutschland zur Schlachtbank geführt. Dazu kommen 660 Millionen Hühner, 1,7 Millionen Schafe, Lämmer und Ziegen.[4] Allesamt Nutztiere, die nur geboren werden, damit wir sie aufessen können. Doch bevor diese Lebewesen in Folie eingeschweißt als Mortadella mit Grinse-Gesicht im Kühlregal landen, als delikates Dry-Aged-Steak im Fleischhumidor hängen oder als gebackener Leberkäse in der heißen Theke liegen, müssen wir die Tiere umbringen. Das Töten gehört zu unserer Natur. Wir verdrängen das nur gerne. Wir tun so, als wüssten wir nicht oder hätten wir vergessen, wie das Fleisch und die Wurst in die Kühlregale und Ladentheken beim Metzger und im Supermarkt kommen.

»Was antwortest du, wenn die Leute dich fragen, ob du keine moralischen Bedenken hast, Tiere zu töten? Was sagst du da?«

Mein Bruder empfiehlt Menschen, die die Natur für unseren besten Freund halten, eine Nacht im Wald zu verbringen. Da reicht sogar der Stadtwald, um Bekanntschaft damit zu machen, was uns alles ans Leder will. Und wir reden hier über Käfer, Schaben, Kleinnager und vielleicht ein aufgescheuchtes Wildschwein.

»Tatsache ist, wir stehen zum Glück an der Spitze der Nahrungskette. Diesen Platz haben wir uns erkämpft, erkämpfen müssen, da hat die Evolution uns nichts geschenkt, und wir sind nicht hier gelandet, weil wir nur Nüsse geknackt und Beeren gelutscht haben.«

Mir zittern die Knie. Dabei sollten sie Engelbert zittern, aber der weiß nicht, dass er gleich an die Pforte der ewigen Jagdgründe klopfen wird. Er weiß nicht, wie sich der Tod anfühlt. Ich weiß es. Mein Bruder Thomas weiß es, und unser Vater Willi und Opa Hans wussten es auch.

»Wenn's drauf ankommt, kannst du es nicht«, ist mein Bruder überzeugt. Für ihn sind viele Medienmenschen einfach nur Maulhelden und nicht ganz unschuldig, wenn es um die Irrungen und Wirrungen rund ums Essen geht. Jetzt muss ich liefern. Es geht hier um die Familienehre. Irgendwie will ich auch heute noch ein richtiger Haxen-Reichert sein.

In meinem Gehirn gibt es eine Stelle, die einen klaren, eindeutigen Befehl an meine rechte Hand sendet: *»DRÜCK AB.«* Unter meinem Mittel- und Zeigefinger spüre ich den schwachen Widerstand des Abzugshebels. Ein ganz leichtes Ziehen würde jetzt genügen, und die Sache wäre erledigt. Engelbert hält den Kopf still. Das kühle Metall auf seiner Stirn scheint ihm nicht unangenehm zu sein. *»Jetzt«*, flüstere ich mir selbst Mut zu und denke an meinen Großvater Hans, den Gründer unserer Metzgerdynastie, dem ich verdanke, dass ich jetzt hier stehen darf. Für einen Moment wünsche ich mir, Opa wäre Bäcker gewesen.

2

WIE MAN FLEISCHBERGE VERSETZT

Vom armen Schwabenland nach Hessen

Als Opa Hans im Jahr 1908 in Großallmerspann geboren wurde, machte die industrielle Revolution um den Ort noch einen weiten Bogen. Unser Großvater erblickte das Licht der Welt im Schein einer flackernden Kerze. Das Wasser, um den kleinen Schreihals zu baden, wurde am Brunnen auf dem Hof aus der Erde gepumpt und auf dem Holzofen in der Küche erwärmt. Als Hans im Alter von sechs Jahren zusammen mit seinen Eltern und seinen Brüdern zur Feldarbeit fuhr, hockte er auf einem Karren, der von einem Ochsen gezogen wurde. Ich habe meinen Opa nie von einer glücklichen Kindheit auf dem Bauernhof schwärmen hören, er hat sich aber auch nie darüber beklagt, dass er schon als kleiner Bub mit anpacken musste.

Die Kühe, Schweine und Hühner auf dem Hof wurden achtsam und pfleglich behandelt, weil man von ihnen abhängig war. Ihr Fleisch sicherte das Überleben. Sie mussten sterben, damit die Familie zu essen hatte. Wer heute vor einem Supermarktregal steht, dem ist dieser Zusammenhang nicht mehr bewusst. Und wenn wir ehrlich sind, dann wollen wir es doch auch gar nicht so genau wissen. Stattdessen verniedlichen und verharmlosen wir Tiere, und nicht selten vermenschlichen wir sie. Dass Tiere eine Seele haben könnten, dass sie zu etwas anderem da sein könnten als zum Arbeiten und um später dann als Steak, Keule, Leberwurst und Schinken auf dem Teller zu landen: Kein Mensch wäre in Großallmerspann auf so eine Idee gekommen! Verkehrte Welt. Opa Hans und seine Geschwister säten und ernteten Weizen, Mais und Kartoffeln. Gearbeitet wurde mit den Händen. Für einen Traktor war die Familie zu arm. Über den Hof gackerten ein paar Hühner, im Stall grunzten fünf Schweine, und die Kühe zogen den Heuwagen, gaben Milch und wurden, wenn sie zu schwach wurden, einfach geschlachtet. Niemand wäre damals auf die Idee gekommen, dass Tiere glücklich sein sollten. Opa Hans hat immer vor den Schweinen gewarnt und von dem Bauern erzählt, der im Schweinegatter ohnmächtig umfiel. Schweine sind bekanntlich Allesfresser.

Hans ging sechs Jahre zur Schule, schuftete als Knecht auf dem Hof und begann im Alter von 20 Jahren eine Metzgerlehre. Die Abkömmlinge aus Bauernfamilien mussten damals die Kosten, die sie ihren Eltern als Kinder und Jugendliche aufgebürdet hatten, abarbeiten, bevor sie sich ein eigenes Leben aufbauen durften.

Die Scholle von Opas Vater Anton Reichert im Schwabenland war natürlich auf Dauer zu klein für elf Kinder, und so machte sich Opa Hans nach der Lehre auf den Weg in die Fremde. Ihm war es nicht in die Wiege gelegt, dass er der Gründer einer Metzgerdynastie werden würde, die einen kleinen Stadtteil von Frankfurt mit Aufschnitt, DLG-prämierter Fleischwurst und gegrillter

Haxe satt machen würde. Opa floh damals, als er in die ferne Stadt aufbrach, vor der Armut in seinem Dorf.

Frankfurt lag aus Sicht der Landbevölkerung auf einem anderen Kontinent. Und Hans war in den Augen der ganzen Dorfgemeinschaft eine Art Christoph Kolumbus, ein mutiger Abenteurer, für den von nun an fleißig gebetet wurde und von dem man erwartete, dass er irgendwann als reicher Mann zurückkehren würde. Als gelernter Metzger brachte er dafür die besten Voraussetzungen mit. Die Industrialisierung bescherte dem Frankfurter Westen die Farbwerke der Gründer Meister, Lucius und Brüning. In der Fabrik wurden Tag und Nacht Farben und Arzneimittel von emsigen Arbeitern zusammengerührt, die nach ihrer Schicht sehr viel Hunger hatten. Und da kam Opa ins Spiel.

Opa zog 1930 nach Frankfurt-Höchst, suchte sich eine Stelle als Geselle und heiratete ein Mädel aus einem anderen schwäbischen Dorf. 1935 legte er am Tor Ost der Farbwerke mit der Gründung einer eigenen Metzgerei den Grundstein für die Haxen-Reichert-Dynastie.

Warum zog es Opa Hans aus Großallmerspann ausgerechnet nach Frankfurt-Höchst? In dem Stadtteil gab es einen Schwabenverein, dessen guter Ruf bis nach Hohenlohe schallte. Außerdem war das Viertel streng katholisch, was für unseren gläubigen Großvater damals wohl sehr wichtig war.

Metzger, Bäcker, Meier, Schneider, Schuster, Friseure – im Grunde all die etablierten Handwerke profitierten von der Industrialisierung. Sie versorgten Arbeiter, Angestellte und natürlich auch die Chefs mit den Dingen des täglichen Bedarfs. Die Städte wuchsen, und jedes Quartier wurde von den dort ansässigen Handwerkern versorgt. Wer Fleisch essen wollte, musste zum Metzger. Brötchen gab es nur beim Bäcker. Und Milch und Käse in der Meierei.

Handwerk hatte goldenen Boden, und Handwerker waren hoch angesehene Leute. Kein Vergleich zum Image, das Handwerker heute haben: zu teuer, unzuverlässig, genervt und unfreundlich und vor allem schwerer zu finden als die Blaue Mauritius. (Natürlich gibt es Ausnahmen.)

Es existieren heute noch Fotos vom ersten Laden unseres Opas. Im Schaufenster hingen die Schweinehälften, auch Rinderköpfe mit mächtigen Hörnern und Eberköpfe mit spitzen Hauern dienten der Dekoration. Aus Schweineschmalz wurden große Kissen geformt und mit Schinkenröschen verziert.

Einer von Opas Kollegen aus dem Allgäu fertigte aus Schmalz Schloss Neuschwanstein, und zu Weihnachten wurde auch schon mal der Stall zu Bethlehem samt biblischem Personal aus Würsten, Hackepeter und Speck nachgeformt. Das Auge aß damals noch kräftig mit, und ein Begriff wie *deftig* stand noch nicht auf der schwarzen Liste.

Ein Schaufenster, das den Namen verdient.

Der Chef (ganz rechts), Oma Friedel (links daneben) und die Belegschaft.

Den Meisterbrief von Opa Hans haben die Nazis abgestempelt, aber er war, soweit wir wissen, nicht in der Partei – aber auch nicht im Widerstand. Er versuchte irgendwie zu überleben, sich und seine Familie durchzubringen. Als die Lebensmittel rationiert wurden, schmuggelte Opa Fleisch und versorgte die Nachbarschaft mit Essen. Lebensmittel wurden von Tag zu Tag kostbarer, und auf den Schwarzhandel mit Fleisch stand eine Zeit lang die Todesstrafe.

»A bissle isch emmer no besser wia gar nix.« (Ein wenig ist immer noch besser als gar nichts.) Vor allem dann, wenn die Not groß ist und die Leute Hunger schieben. Hans schlachtete die Tiere auf den Dörfern bei den Bauern und lud sie am Stück mit Fell auf seinen Anhänger. Über die toten Tiere wurden Zwiebeln geschüttet, und dann ging es mit der getarnten Fracht zurück nach Frankfurt.

Opa Hans hat den Zweiten Weltkrieg überlebt. Zwei seiner Brüder und ein Schwager sind in Stalingrad gefallen. Viele seiner

Jugendfreunde kamen nicht aus dem Krieg zurück. Die Trauer und den Schmerz über den Verlust seiner Brüder und Freunde betäubte er mit Arbeit. Auch die Geburt der Kinder Willi (1939) und Brigitte (1945) half den Eltern nicht über das Trauma, das der Krieg in ihnen anrichten sollte, hinweg.

Als die Wirtschaftswunderjahre begannen, traf man sich bald einmal die Woche im Hinterzimmer der Metzgerei Reichert, schwätzte schwäbisch, die Metzgersgattin Friedel kochte Maultaschensuppe, Tante Edith schabte Spätzle, und als Delikatesse gab es Kutteln und Hirnsuppe. Bei der Gelegenheit wurden dann die Fleischereiverkäuferinnen unter die Haube gebracht und die sparsamen Schwaben gaben sich gegenseitig Tipps, wo ein günstiges Mietshaus zum Verkauf stand. »D'Heisr schdärbad nedd, abbr d'Leit.« (Menschen sterben, Häuser nicht.)

Man blieb in der ersten Generation gerne unter sich, schwor die Familie auf Zusammenhalt ein, pflegte den eigenen Dialekt, schmiedete Pläne für die Rückkehr in die Heimat und tauschte Lebensweisheiten aus: »A Geizhals ond a fedde Sau senn erschd noch am Dod zu äbbas Nuddz!« (Ein Geizhals und ein fettes Schwein sind erst nach dem Tod zu etwas nutze!)

Die Integration lief über die Kundschaft und den Metzgerstand. Es gab über 20 Metzgereien allein im Frankfurter Vorort Höchst, und wer einen Gesellen oder Meisterbrief in der Tasche hatte, wurde feierlich aufgenommen, egal, wo seine Wiege stand. Unser Opa Hans, Oma Friedel und all die anderen Schwaben der ersten Stunde blieben bis zu ihrem Tod der alten Heimat eng verbunden.

Opa hatte seinen Platz im Leben in Höchst gefunden, in der Brüningstraße 17, hinter dem Hackklotz gleich neben der Fleischtheke. Dort stand er in seinem weißen Kittel, mit den grauen Locken, den rechten Oberarm lässig auf einen Messergriff gestützt. Unser Opa wäre auch gut als Chefarzt durchgegangen. Mit seinen Fähigkeiten am Ausbeinmesser hätte er ja auch locker abdominale Eingriffe vornehmen können. Nun stand auf seinen Kittel aber Metzgermeister und nicht Chefchirurg gestickt. Der Mann liebte seinen Beruf. Das Blut auf der Schürze verlieh ihm etwas Bedrohliches, was aber zugleich bodenständig wirkte, da jeder sofort sehen konnte, dass die Fleisch- und Wurstwaren in den Auslagen aus eigener Herstellung stammten. Opa Hans wusste, wie Image geht, zu einer Zeit, als der Begriff noch gar nicht erfunden war. Der erste Haxen-Reichert glaubte an den Fortschritt, und er wollte unbedingt Teil davon sein. Das verdiente Geld wurde sofort in die neueste Füllmaschine und den neuesten Kochschrank investiert.

Der größte Schatz der Familie, eine alte Schwarz-Weiß-Fotografie des Reichert-Clans vor dem Bauernhaus in Großallmerspann, hing an der mit dunklem Holz getäfelten Wand der guten Stubb. Dieser Raum neben dem Metzgereiladen diente jahrzehntelang als Wohnzimmer, Büro, Krankenstation, Umkleideraum für die Verkäuferinnen, Ahnengalerie und Ruheraum für den müde geschufteten Opa. Schlug Opa Hans nach einer Stunde Mittagsschlaf die Augen auf, fiel sein Blick als Erstes auf das schlicht gerahmte Familienfoto. Die Aufnahme zeigte ihn im Kreis seiner Lieben. Das Bild hatte etwas von den Aufnahmen, wie man sie von Fußballmannschaften kennt. In der vorderen Reihe sitzende, dahinter dann eine Reihe mit stehenden Spielern. Der Fußballvergleich drängt sich auch deshalb auf, weil auf dem Bild Opa und zehn seiner Geschwister zu sehen sind. Opa Hans' Mutter, meine Uroma Franziska, soll 16 Kinder zur Welt gebracht haben.

Zwei Säuglinge starben noch im Kindbett, zwei Söhne fielen im Ersten Weltkrieg, eine Tochter starb an Leukämie. Da das Bild erst Ende der 1920er-Jahre aufgenommen wurde, sind sie auf dem Foto nicht zu sehen. Über die tatsächliche Anzahl der Kinder von Uroma Franziska ist sich die Verwandtschaft bis heute uneinig.

Hans steht aufrecht in der hinteren Reihe, den Rücken durchgedrückt, die Schultern gerade. Auch ohne Spielführerbinde sieht man sofort, da steht der Kapitän, der Chef, das Alphatier. Das Foto hat zwei Besonderheiten. Mein Großvater lächelt auf dieser Aufnahme, was er im Alltag selten getan hat. Und dann steht da noch dieser Mann in den dunklen Frauenkleidern aus grobem Wollstoff. Später wurde uns erklärt, dass die bärtige Tante mit der runden Brille keine Tante war, sondern unser Onkel Josef, der als Mönch dem Kapuziner-Orden beigetreten war.

Die Großallmerspann-Gang; Opa Hans (links neben dem Mönch) mit seinen Eltern und Geschwistern.

Hans Reichert war ein Patriarch alter Schule, groß gewachsen, mit ernsten Augen, herrisch im Umgang mit den Gesellen und Verkäuferinnen, ungeduldig, was seinen Sohn Willi und den Rest der Verwandtschaft anging, und zu uns Jungs ein echtes Schätzchen. Wann immer wir mit unseren treuen Kinderaugen bewundernd zu ihm aufschauten, machte er den Säckel auf und drückte uns eine Mark in die Hand. Statt Liebe bekamen wir von Kindesbeinen an Geld. Vielleicht hatte Opa Hans einfach keine andere Möglichkeit, uns seine Liebe zu zeigen. Wenn man aus einer bettelarmen Bauernfamilie stammt, hat Geld natürlich noch einmal eine andere Bedeutung als für Babyboomer wie uns, die einfach das Glück hatten, in die aufblühende Wohlstandsgesellschaft hineingeboren zu werden.

Opa Hans streckte sich jeden Mittag auf einem alten Sofa aus, das mit den Blut- und Fettflecken verziert wirkte wie ein verletztes, zum Sprung bereites schmutziges Tier. Der Metzgermeister, für den jeder Tag um vier Uhr morgens begann, machte nachmittags immer ein gemütliches Nickerchen, ohne seine fleckige Metzgerschürze und die salbigen Gummistiefel auszuziehen. Am Fußende des Sofatieres stand ein Schreibtisch, groß wie ein Rolls-Royce, auf dem sich Lieferscheine und Wareneingangs- und Ausgangskladden türmten. Jedes geschlachtete Schwein wurde hier fein säuberlich von unserer Bürokraft Frau Tautorat verbucht.

Opas Sekretärin hatte in der Metzgerei einen schweren Stand. Sie wurde von den Verkäuferinnen und Gesellen von ganzem Herzen verachtet. Sie schrieb Rechnungen, stempelte Belege und tippte Angebote, was, da keine körperliche, in den Augen der Metzger und Fleischereiverkäuferinnen gar keine richtige Arbeit war. Frau Tautorat war, außer uns Kindern, der einzige Mensch in der Firma, der keinen Kittel und keine Schürze trug.

Sie sah immer aprilfrisch aus, roch nach Lenor und hatte eine schrille Stimme, mit der sie jede quiekende Ferkelbande übertönen konnte. Sie rächte sich, indem sie die Lohntüten nur zögerlich herausrückte und im Fall der Fälle Kündigungen mit einem kalten Lächeln übergab.

Metzgermeister Hans schlummerte friedlich auf seinem Sofa und überwachte im Schlaf die doppelte Buchführung. Er misstraute Menschen, die nicht körperlich arbeiteten. Hans Reichert war stolz auf sein Handwerk, und er war der festen Überzeugung, dass er keine Minute rasten durfte. Er machte nie Urlaub, gönnte sich keine Freizeit, hatte nicht einmal ein Hobby. Hans hatte seine Erfüllung im Wurstmachen gefunden. Ein gelungener Bierschinken, eine leckere Gelbwurst oder ein Pärchen duftender Frankfurter gaben seinem Dasein einen Sinn.

Opa Hans hat Lebensmittel hergestellt. Mittel zum Leben herstellen war für ihn die Königsdisziplin unter den Berufen. Er führte sein Geschäft mit Anstand und Lauterkeit. Er war ein höflicher, schnörkelloser Typ, der Ordnung liebte und dem ein aufgeräumtes Kühlhaus und eine blitzblank geputzte Wurstküche ein gutes Gefühl bescherten. Und weil die Wurst schmeckte, wurde er geachtet. Auch weil die Kunden wussten, dass der Hans ihnen keinen Mist verkaufte. Und diese Achtung war ihm wichtiger als Geld. Hans Reichert hätte nie aus Gammelfleisch Bratwurstbrät zusammengepanscht. Dazu war er viel zu ehrlich und ehrbar. Er fühlte sich mit seinen Mitarbeitern und Kunden als Teil einer Gemeinschaft. Sich verbunden zu fühlen war seine Vorstellung von Glück. Er versorgte die Menschen mit Wurst und Fleisch. Er sorgte dafür, dass sie zu essen hatten. Für Menschen, die zwei Weltkriege überlebt haben, hatte der Satz »Sorge tragen für jemanden« natürlich einen anderen Klang. Opa Hans sah einen

Sinn in dem, was er tat, auch wenn es heute befremdlich klingt, dass jemand Sinn in einer Arbeit finden konnte, die schwer und schmutzig war und heute wenig Ansehen genießt. Für Burn-out und Sinnkrise war Opa Hans viel zu beschäftigt.

Eine wirkliche Krise brach im Hause Reichert erst aus, als mein Vater seinen Eltern das Mädchen vorstellte, in das er sich unsterblich verliebt hatte und das er unbedingt heiraten wollte. Unsere Mutter Doris.

Willi war bis zu diesem Zeitpunkt nicht weiter aufgefallen. Es gab nie einen Zweifel daran, dass er in die Fußstapfen seines Vaters treten würde. Dafür musste er aber erst mal ein paar Jahre lang für kleines Geld im Familienbetrieb schuften.

Er sollte sich die Firma verdienen. Und Opa und Oma bestanden auf einer Schwiegertochter, die bereit war, sich der Familientradition unterzuordnen.

Der Chef und sein Junior.

Opa Hans und Willi mit Gesellen in der Wurstküche.

Opa Hans drängte darauf, dass die Zukünftige meines Vaters in die Metzgerei passen musste. Am besten sollte sie aus einem schwäbischen Dorf stammen, die dralle Tochter eines Bauern sein, katholisch, pausbäckig und bereit, ihr Leben hinter der Wursttheke zu verbringen, am besten mit kleinem Gehalt und ohne irgendwelche überzogenen Ansprüche wie einen freien Nachmittag die Woche oder, noch skandalöser, zwei Wochen Urlaub im Jahr! So weit Opas und Omas Vorstellung einer passenden Ehefrau für ihren Willi, die auch noch dadurch befeuert wurde, dass Willis Schwester Brigitte sich in einen fleißigen Metzgergesellen verliebt hatte.

Unser Vater hatte sich nun aber in eine Frau verguckt, die das komplette Gegenteil einer passenden Metzgersgattin war. Doris Peper war die Tochter einer Bürgerfamilie, die überzeugt »Heil Hitler« geblökt und dann durch den Krieg alles verloren hatte. Als Doris 1943 geboren wurde, war ihr Vater an der Front, später wurde er für tot erklärt, ohne dass die Umstände seines Ablebens geklärt werden konnten. Ihre Kindheit verbrachte das dürre Mädchen mit seinen Geschwistern in einem Heim in Wiesbaden-Biebrich, da die Mutter ihre Kinder nicht versorgen konnte. Im Alter von 15 Jahren begann Doris eine Hauswirtschaftslehre bei den Wirtsleuten des *Deutschen Hauses* in Höchst, einer Kneipe mit zweifelhaftem Ruf, in der die Jugend des Viertels begeistert ein und aus ging.

Doris war in den Augen von Opa Hans viel zu hübsch. Sie war sexy und ausgeschlafen, rappeldürr, dazu evangelisch und nicht vom Dorf. Ihr fehlte jeder Stallgeruch, und dass Frauen selbst denken wollten, wie ihr Mundwerk bewies, das fanden Männer wie Opa im Jahr 1960 noch anrüchig. Für Opa war Doris ein gerissenes Luder, das dem braven Willi das Fell über die Ohren ziehen würde.

Opa Hans kochte vor Wut, Oma schniefte nächtelang ins Kopfkissen. Nur Willi strahlte vor Glück, und Doris wurde mit 19 schwanger. Es gibt Hinweise darauf, dass sich die Bezeichnung »Braten in der Röhre« ein Metzger ausgedacht hat. Opa fand das gar nicht komisch. Das Hochzeitsbild unserer Eltern zeigt eine blasse hochschwangere Braut, einen glücklichen Ehemann und Oma und Opa mit vor Zorn und Abscheu rot verweinten Augen.

Erst als mein Bruder Thomas 1962 geboren wurde und dann ein Jahr später ich zur Welt kam, beruhigte sich die Lage. Doris war gerade dabei, die Wursttheke auszuräumen, als die Wehen einsetzten. Sie dachte erst, das Ziehen im Unterleib käme vom schweren Heben, so ein ganzer Bierschinken kann schon mal fünf Kilo wiegen. Meine Mutter legte die Wurstwaren im Kühlhaus ab und ließ sich dann ins Krankenhaus fahren. Als braves Unternehmerkind kam ich pünktlich kurz nach Ladenschluss. Mein großer Kopf machte bei der Geburt ein paar Probleme, doch die Blutung war schnell gestillt und meine Mutter am nächsten Morgen schon wieder im Laden. Während ich auf der fleckigen Riesencouch im Nebenraum friedlich schlummerte, räumte Doris den Bierschinken zurück vom Kühlhaus in die Ladentheke.

Opa und Oma waren für den Moment zufrieden über die Enkel, die Schwiegertochter hassten sie heimlich weiter. In der Metzgerei Reichert war es nicht nur in den Kühlräumen eisig kalt. Als Doris dann anfing, einmal die Woche Tennis zu spielen und auch noch das Wochenende frei haben wollte, brach endgültig die Eiszeit aus, von der sich unsere Familie nie wieder erholt hat.

Unsere Großeltern gehörten einer Generation an, die es nie für möglich gehalten hätte, dass eine Work-Life-Balance nicht zu hundert Prozent aus Work bestehen könnte. Dass unsere Mutter der Firma und uns Kindern den Rücken kehren und die Scheidung einreichen könnte, war für Oma und Opa undenkbar.

Freizeit war man nur bereit uns Kindern zuzugestehen. Opa Hans, unseren Vater Willi oder einen der Metzger aus unserer Wurstküche montags in aller Frühe zum Schlachthof zu begleiten, das waren für uns Kinder die Höhepunkte der Schulferien. Wir zogen unsere Minimetzgerkittel an und schlüpften in unsere Gummistiefel. Wir sahen aus wie Lolek und Bolek[5] als Wurstmacherlehrlinge verkleidet.

Mein Bruder und ich und unser Vater Willi.

Schon die Fahrt durch die Stadt war ein Abenteuer. Um fünf Uhr morgens waren die Straßen leer, die gelben Lichter der Ampeln waren auf Blinken eingestellt, und unser Opa trieb den Bulli[6] in einem Affenzahn die Uferstraße hinauf Richtung Schlachthof im Stadtteil Sachsenhausen. Früher wurde in Frankfurt in einer 1-a-Lage geschlachtet, und es wird niemanden wundern, dass da, wo einmal Rinder und Schweine ihr Leben ließen, heute moderne Stadthäuser mit Luxusappartements stehen. Der Schlachthof stellte 1993 den Betrieb ein und verschwand vom Filetstück am Ufer des Mains. Statt der Metzger kamen damals die Immobilienspekulanten zum Zug. Dass der Schlachthof 20 Jahre später Geschichte sein sollte, davon ahnten wir damals noch nichts, als in den 1970ern die Räder des Bullis an der Einfahrt des Schlachthofs durch eine Pfütze mit Desinfektionsmittel rollten.

Der Schlachthof war eine Welt für sich mitten in der Stadt. Eine Welt, in der die Männer vor Blut triefende Wachsschürzen trugen und überall Schilder hingen, auf denen stand: *Ausspucken verboten.* Die wenigen Frauen auf dem Gelände steckten in weißen Trevirakitteln[7], saßen in beheizten Holzverschlägen und zählten Geld. Es waren die Ehefrauen der Viehhändler und Schlachter. Und dann gab es noch die Bedienungen in der Schlachthofkantine. Diese Frauen waren die Barbarella-Variante einer Fleischereifachverkäuferin. Da in ihrem von Blutgeruch, Alkohol und Zigarettendunst geschwängerten Dunstkreis nie Kinder aufzutauchen schienen, waren mein Bruder und ich auch für diese Frauen die kleinen Schmuse- und Knuddelmetzger, die geherzt, gedrückt und verwöhnt wurden. Nicht selten musste uns Papa oder Opa später auf der Heimfahrt den Lippenstift aus den Haaren und von der Stirn wischen.

Während die Gesellen die Schweine und Rinderhälften in unseren VW-Bus packten, saßen wir in der Schlachthofkantine und futterten die leckersten Frankfurter der Welt. Danach ging es zum Darmhändler Christ. Aus einem Holzfass zog Herr Christ die mit einer Salzlake überzogenen Schafsdärme und packte sie in einen Holzeimer, den wir Kinder – stolz, auch etwas beitragen zu können – zum Auto schleppten. Herr Christ rauchte Kette und schenkte, als wir aus dem Blickfeld waren, unserem Opa einen Kurzen ein.

Unser Bulli unterschied sich sehr von den VW-Oldtimern, mit denen die Surfer in Retrowerbespots am Strand campieren. Der Lieferwagen war knallrot und hatte bis auf die Front und Seitenscheiben keine Fenster. Am Heck und an den Seiten prangte in weißen Großbuchstaben unser Name: METZGEREI REICHERT. Der Innenraum des Fahrzeugs war mit Alu ausgeschlagen und durch Metallplanken in zwei Ebenen geteilt: Unten stand der Eimer mit den Därmen, und oben stapelten sich die halben Schweine.

Opa war natürlich auch auf dem Frankfurter Schlachthof ein bekannter Mann. Die Fleischhändler schätzten ihn, weil er ehrlich war und bar bezahlte. Das Fußvolk respektierte ihn, weil er groß und stark war und niemals über die zotigen Witze der Schlachter lachte. Bei einem unserer Besuche bat ihn ein Viehhändler aus einem Nachbarort von Großallmerspann um Hilfe. Der Mann hatte auf seinem Anhänger den mächtigen Bullen Herkules und traute sich nicht, das Tier über die Rampe zur Schlachtbank zu führen. Opa Hans wickelte sich den Strick, der am Nasenring des Bullen befestigt war, um den Arm bis hinauf zum Ellbogen. Er sprach sanft mit dem riesigen Wesen und schaffte es tatsächlich, Herkules, ohne am Nasenring zu zerren, in Bewegung zu setzen. Mittlerweile war der halbe Schlachthof angetreten und beobachtete, wie mein Großvater gelassen das Furcht einflößende Tier Richtung Schlachthaus führte. Die Spannung, die in der Luft lag, begann sich aufzulösen, alles schien gut zu gehen, doch dann kreischte direkt hinter der Schlachthofmauer ein Martinshorn los.

Herkules verwandelte sich innerhalb einer Sekunde in ein rasendes Monster, der Bulle galoppierte los und schleifte Opa Hans über den von Tierkörperflüssigkeiten verkrusteten Asphalt. Bisher kannten wir so was nur aus *High Chaparral*[8], einer Westernserie, die wir heimlich durch den Türschlitz unseres Wohnzimmers schauten, da wir zu der Zeit, als die Serie lief, längst im Bett sein mussten. Dass Opa damals in Lebensgefahr schwebte, war uns nicht bewusst. Mit blutender Kopfwunde und aufgeschürften Knien und Ellbogen fuhr er uns nach dem Betriebsunfall nach Hause. Wir bewunderten ihn für diese filmreife Szene umso mehr und waren uns einig, dass er auch als Stuntman hätte Karriere machen können.

Opa Hans verbrachte die nächsten Tage eingewickelt in weiße Verbände im Nebenraum der Metzgerei auf dem Sofa, das, wie schon erwähnt, aussah wie ein verletztes, zum Sprung bereites schmutziges Tier. Eigentlich wie der Bulle Herkules.

Bis auf diesen einen waren alle Ausflüge mit Opa Hans zum Schlachthof toll. Trotzdem waren wir am liebsten mit Jogi unterwegs. Jogi hieß eigentlich Jochen und hatte schon am frühen Morgen reichlich Durst. Während der Frühstückspause in der Schlachthofkantine schaffte der Metzgergeselle locker drei große Bier, und ich bin sicher, dass er sich nicht nur beim Darmhändler Christ noch den ein oder anderen Kurzen hinter die Binde kippte. Jogi war auf der Heimfahrt regelmäßig sturzbetrunken. Er war so voll, dass er uns erlaubte, im dunklen Laderaum auf den halben Schweinen zu sitzen. Bei jeder Vollbremsung, und davon gab es viele, da die Ampeln wieder auf Normalbetrieb geschaltet waren, purzelten wir durcheinander. Wehtun konnten wir uns nicht. Die toten Schweinekörper waren weicher als jede blaue Schulturnmatte. Wir haben es geliebt.

Da die Metzgergesellen und Verkäuferinnen in den 1960er-Jahren aus dem Schwabenland nach Frankfurt nachgeholt wurden, bestand unsere Familie nicht selten aus bis zu 15 Leuten, für die jeden Tag gekocht wurde. Natürlich auch am Samstag – da war der Laden bis 14 Uhr offen – und am Sonntag, dem offiziellen Ruhetag, der von den Nachbarn ignoriert wurde. Die Kunden kamen einfach über den Hof durch den Hintereingang in die Metzgerei und kauften munter auch am Sonntag ein. Was damals natürlich noch strenger verboten war als heute. Unter der Woche musste um spätestens 19 Uhr der Rollladen der Metzgerei runtergehen. Eigentlich haben meine Großeltern ihre Arbeitsklamotten so gut wie nie ausgezogen. Auch sonntags trug Opa Hans Metzgerkittel und Oma Friedel Kittelschürze.

Der Sonntag folgte einem festen Ritual. Unser Vater Willi lieferte uns im Kindergottesdienst in der Josefskirche ab und ging dann zum Frühschoppen in den *Schwan*, eine Eckkneipe am Schlossplatz. Opa Hans räumte im Kühlhaus auf, Oma Friedel schabte Spätzle, und unsere Mutter schlief aus, da samstagabends meistens ausgiebig gefeiert wurde. Nach der Kirche holten wir unseren Vater vom Stammtisch ab. Dass er damals immer reichlich Schlagseite hatte, fiel uns als Kinder nicht auf. In der Vesperstube wurde dann gemeinsam mit der Belegschaft zu Mittag gegessen. Jeden Sonntag gab es das gleiche Essen: Nudelsuppe, Schweinefüßchen, Rinderbraten mit Spätzle und Kopfsalat. Kein Nachtisch! Nie! Es roch nach sämiger Soße, süßem Essig, nach Maggi und nach salzigem Spätzlewasser.

Opa Hans starb 1980 als hoch angesehener Unternehmer und Metzgermeister in seiner zweiten Heimat Frankfurt-Höchst. Ein Hans im Glück war aus ihm nicht geworden, dafür waren die Wunden, die der Krieg in seiner Seele hinterlassen hatte, viel zu tief. Aber zum Helden hatte es Opa in Großallmerspann gebracht. Der Bauernsohn hatte es in der großen Stadt tatsächlich geschafft. Vom armen Schwein zum reichen, ehrbaren Metzger.

Bevor er starb, war Opa Hans für kurze Zeit sehr krank. Er hatte stark abgenommen und sah blass und traurig aus. Der stolze Metzger wollte kein Mitleid. Als er die Schmerzen nicht mehr aushalten konnte, schleppte er sich zu seinem Benz und fuhr ins Krankenhaus. Alleine. Wir Kinder hörten dann, wie die Verkäuferinnen von einer Notoperation tuschelten und von Komplikationen. Dann widmeten sich die Erwachsenen wieder dem Leberkäse-Backen und dem Schnitzel-Panieren. Einige Tage später hatte mein Vater mich dann gefragt, ob ich nicht Lust hätte, mal den Opa zu besuchen. Die Art, wie er fragte, beiläufig und ohne jede Emotion, ließ mich hoffen, den Opa gut gelaunt in seinem Krankenbett anzutreffen.

Opa Hans lag auf dem Rücken und suchte mit bangem Blick die Decke ab. Was hoffte er da zu finden? Den Notausgang? Eine Antwort auf die Frage, was in den letzten Stunden so schrecklich schiefgegangen war? Opa atmete nicht, er röchelte knarzend ein und aus. Man hatte ihm eines dieser beinahe farblosen Operationsleibchen übergeworfen und Thrombosestrümpfe angezogen. Ich kannte meinen Opa nur imposant im gestreiften Metzgerkittel mit weißer Schürze. Der Anblick des Häufchen Elends auf der Intensivstation war ein Schock.

Als ich an sein Bett trat, drehte er den Kopf zu mir und sah mich mit aufgerissenen Augen panisch an. Niemals zuvor hatte ich Augen gesehen, in denen nackte Angst flackerte.

»Schau mal, Papa, da ist der Klaus«, flüsterte Willi in einem ungewohnt sanften Tonfall seinem Vater ins Ohr, als würde er zu einem kleinen, hilflosen Kind sprechen. Opa starrte mich an, und ich starrte zurück. Mein Wirbel stand kerzengerade in die Höhe. Ich hätte Opa umarmen können, seine Hand streicheln, aber in mir gab es nur einen einzigen Gedanken: Schnell weg von hier! Nichts wie raus aus diesem Sterbezimmer, in dem der EKG-Monitor erbittert quietschte. Ich rannte davon.

Ich werde mir nie verzeihen, Opa Hans damals im Stich gelassen zu haben. Mitgefühl zu zeigen gehörte definitiv nicht zu den Stärken unserer Familie.

Er ist damals einfach so aus unserem Leben verschwunden. Ein Pfarrer ratterte in einer bitterkalten Friedhofshalle seine Trauerliturgie runter, nuschelte Geburtsdatum, die Daten der Hochzeit und der Firmengründung in die Trauerhalle und versprach, dass Hans Reichert jetzt neben dem lieben Gott im Himmel am Tisch sitzen würde. Das war's. Der Sarg unseres Großvaters wurde von zwei schmuddeligen Friedhofsschaffnern zum Grab gezogen, dann verschwand Opa für immer unter der Erde, und der Pfarrer schickte noch ein paar Spritzer Weihwasser hinterher. Amen.

Ich hatte damals das Gefühl, der Einzige zu sein, der unter der Lieblosigkeit der Veranstaltung litt. Das war natürlich ein Trugschluss. Ich war nur der Einzige, der seine Trauer und sein Entsetzen nicht verbergen konnte.

Opa hatte seine letzte Liegeposition noch nicht richtig eingenommen, da hatte es mein Vater auf einmal sehr eilig, in den Laden zurückzukommen. Er schien es kaum erwarten zu können, den frei gewordenen Chefplatz hinter dem Hackklotz zu übernehmen. Selbst am Tag der Beisetzung des Firmengründers blieb die Metzgerei Haxen-Reichert nur vormittags geschlossen.

3

JÄGER, SAMMLER UND METZGER

Die Zivilisation beginnt mit Fleisch, ohne Wurst

»Jetzt!« Noch einmal flüstere ich mir entschlossen Mut zu. Ich schließe die Augen, durch meinen ganzen Körper geht ein Ruck, eine Art Krampf vom Scheitel bis zu den Zehen, nur die beiden entscheidenden Finger bewegen sich keinen Millimeter. Engelbert schnauft und grunzt entspannt, dann dreht er sich abrupt um, und durch die Menge der Schlachtfestschaulustigen geht ein schreckhaft wohliges Aufstöhnen. Die Leute scheinen froh zu sein, dass der Moment, wo der Eber mit einem Loch im Schädel in die Knie geht, noch nicht gekommen ist. Was hier heute noch passieren soll, ist alles andere als lustig, doch die Leute auf dem Franßenhof sind im besten Sinne Schaulustige. In ausgelassener Stimmung schlürfen sie Prosecco und knuspern Crostini.

Hechelnd trippelt Engelbert nervös von einem Vorderfuß auf den anderen. Scheint so, als hätte ich ihn mit meiner Angst angesteckt.

Von Opa Hans weiß ich, dass das Schwein keine Sekunde zögern würde, mich aufzufuttern, wenn es die Gelegenheit dazu hätte. Nun ist das ein unfairer Vergleich. Engelbert folgt seinen Instinkten, und ich folge der Vernunft. Bisher war das zumindest immer so. Engelbert muss sterben, damit wir satt werden. So läuft das seit Jahrtausenden. Und daran führt auch in Zukunft kein Weg vorbei, ist mein Bruder überzeugt. Der Gedanke, dass für unsere vollen Bäuche ein Tier sterben muss, passt nur leider nicht in die wohltemperierte Komfortzone, in der die meisten von uns es sich gemütlich gemacht haben und in der für Schlachthöfe und Metzger kein Platz mehr zu sein scheint.

Engelbert ist ein Wunderwerk der Evolution. Nur haben wir Menschen da kräftig eingegriffen. Er ist das Ergebnis jahrhundertelanger Zuchtauswahl. Vom Wildschein zur Rampensau. Alle unsere Nutztiere sind durch die Kreuzung unterschiedlicher Rassen entstanden, die dann Arten hervorbrachten, die besonders viel Milch geben, besonders viel Fleisch auf den Rippen haben oder besonders freundlich und wenig angriffslustig sind. Wir haben den Tieren Eigenschaften, die ihre Haltung erschweren, einfach weggezüchtet.

Engelbert hat sich wieder beruhigt. Er schaut freundlich in die Runde, stupst mir mit seiner Nase ans Knie, dann streckt er sich und grunzt genüsslich in der Sonne. Engelbert weiß nicht, dass er sterben muss, jetzt mal ganz unabhängig davon, ob ich ihn meuchele oder er, völlig untypisch für Schweine, an Altersschwäche sterben würde; was noch untypischer wäre, würde Engelbert in freier Wildbahn leben. Tiere empfinden Todesangst erst in dem Moment, in dem die Reißzähne des in der Nahrungskette darüberstehenden Räubers zuschnappen. Ansonsten haben sie keine Ahnung davon, dass das Leben endlich ist.

Nur der Mensch weiß, dass er sterben muss, und hat deshalb sein Leben lang Angst vor dem Tod. Wahrscheinlich macht ihn gerade das menschlich. Unsere Angst vor dem Tod ist jedoch mittlerweile so übermächtig, dass wir es nicht mal mehr aushalten, dass für unser Essen Tiere sterben müssen. Der Tod der Tiere ist outgesourced.

»Der Bolzen dringt ins Gehirn ein und schaltet jede Wahrnehmung aus«, erklärt mein Bruder, was passieren würde, wenn ich mich endlich dazu durchringen könnte, abzudrücken.

»Tut das nicht weh?«, will eine junge Mutter wissen.

»Bevor das Tier den Schmerz empfindet, gehen bei ihm die Lichter aus. Es ist so, als hätte jemand den Stecker rausgezogen.«

»Und was empfinden Sie beim Schlachten?«, will die junge Frau wissen.

»Nichts.«

Die Menge starrt meinen Bruder betreten an. Was hatten die Leute erwartet? Thomas schaut in die Gesichter der Schlachtfestgäste, die sich mit seiner Antwort schwertun. Was soll der Metzgermeister den Leuten Honig ums Maul schmieren, wo hier gleich Blut fließen wird? Es ist eine unbequeme und für einige Leute auch schmerzhafte Wahrheit. Die Tiere leben und sterben, weil wir Hunger haben.

Diese Wahrheit ist für viele Menschen schwer zu verdauen, was ein Phänomen unserer Zeit ist. Über Jahrtausende war Fleisch ein begehrtes Nahrungsmittel, und die meisten Menschen waren froh, wenn es dampfend vor ihnen auf dem Tisch stand.

Fleisch hat vor vielen tausend Jahren unsere Evolution so richtig in Schwung gebracht. Nicht wenige Wissenschaftler sehen in ihm den Turbotreibstoff, der uns klüger, stärker, aber auch sozial verträglicher gemacht hat. Mit vollem Bauch am wärmenden Lagerfeuer zu sitzen hat unsere Vorfahren zusammengeschweißt.[9]

»Am Anfang war das Feuer, und daran wärmte sich der erste Metzger und brutzelte das erste Steak.« Thomas lächelt. »Ohne Fleisch kein Mensch. An der Wiege der Menschheit stand einer von uns.«

Wir waren Jäger und Sammler. Aber jagen und töten sind Instinkte, das können alle Tiere, die davon leben, andere Tiere aufzufressen, und sammeln tun Eichhörnchen auch. Löwen schlafen den ganzen Tag, gehen auf die Jagd, schnappen sich eine Antilope, beißen die besten Stücke raus, und wenn sie satt sind, lassen sie die halb aufgefutterte Beute liegen und legen sich wieder hin. Neben der von unseren Vorfahren mit Sinn und Verstand geplanten Jägerei war das Metzgerhandwerk das erste Handwerk, das Menschen sich beibrachten und an ihre Nachkommen weitergaben. Mein Bruder ist davon überzeugt, dass seine Zunft die Evolution des Homo sapiens maßgeblich mit beeinflusst hat.

»Vorratshaltung klingt nach Kittelschürze und Speisekammer, aber das kam später. Damals in der Steinzeit bedeutete Vorratshaltung schlichtweg ÜBERLEBEN!« Thomas betont dieses Wort so, als hätte er damals höchstpersönlich diesen Quantensprung in der Menschwerdung eingeleitet.

Unsere Vorfahren haben in kleinen Gruppen zusammengelebt, und Jagen war jedes Mal mit großen Gefahren verbunden. Wenn einer der Frühmenschen sich dabei verletzte oder umgekommen ist, war das Überleben der ganzen Sippe gefährdet. Deshalb war jeder Tag, an dem nicht gejagt werden musste, ein guter Tag, der den Fortbestand der Familie sicherte. Man muss sich das so vorstellen: Die Homo sapiens suchten Schutz in Höhlen. Da gab es Stellen, die kühl waren, und da hat sich das Fleisch länger gehalten. Und außerdem waren diese Höhlenspeisekammern für Tiere schwer zu erreichen. Gefahren zu meiden war schon vor Tausenden Jahren eine kluge Strategie. Zu planen und einmal

Gelerntes zu behalten verschaffte unseren Ahnen einen unschätzbaren Überlebensvorteil.

Am Anfang war nicht nur das Feuer. Am Anfang war auch der Metzger. Das sind natürlich sehr steile Thesen. Aber stochern wir nicht mit allen Theorien über den Anfang der Menschwerdung im Nebel? Ein genaueres Wissen über unsere Vorfahren haben wir erst, seit sie in der Jungsteinzeit mit Ackerbau und Viehzucht angefangen haben. Auch der erste domestizierte Wolf war schon eine Art Nutztier, genau wie das gezähmte Wildpferd, das erst die Lasten unserer Vorfahren trug und dann irgendwann im Magen des Homo sapiens landete. Aber erst als die Menschen im Neolithikum anfingen, Getreide auszusäen und sich mit Schafen, Ziegen, Rindern und Schweinen – also ihrem Essen – anzufreunden, war der Grundstein gelegt für eine neue Art von Kultur. Aus Jägern und Sammlern wurden Viehzüchter und Bauern. Da immer mehr Tiere in den Genuss menschlicher Fürsorge kamen, um dann später auf dem Speiseplan zu landen, mussten neue Begriffe für das auf der Weide oder im Stall stehende Mittagessen gefunden werden. Man unterteilte das Nutzvieh in Großvieh und Kleinvieh und erfand dann später mit dem Haustier noch eine Tierfamilie, der Lebewesen angehörten, die nicht in den Kochtopf wandern sollten, es oft genug aber taten, wenn die Winter lang und kalt waren und der Hunger in der Magengrube nagte.

Von dem amerikanischen Food-Philosophen Michael Pollan stammt der Begriff des evolutionären Paktes.[10] Wir kümmern uns um die Nutztiere, und dafür essen wir sie auf. Der moderne Mensch spürt und weiß von diesem Pakt mittlerweile nichts mehr, weil er sich von seinem Essen komplett entfremdet hat. Es gibt Völker, die in der Steppe oder im Gebirge zu Hause sind, für die Fleisch die einzige Möglichkeit ist, der Erde Nahrung abzugewinnen. Diese Völker wissen natürlich auch, was zu tun ist, um an das Fleisch heranzukommen, und sie ehren und wertschätzen die Tiere auf eine Art und Weise, die uns vollkommen fremd geworden ist. Ob heute jemand Fleisch isst oder nicht, bleibt eine sehr persönliche Frage, auf die jeder selbst eine Antwort finden muss. Ein Schritt, mit diesem evolutionären Pakt wieder in Kontakt zu kommen, wäre, beim Schlachten dabei zu sein. Sich vertraut zu machen mit dem Ursprung das Fleisches, für das ein Tier sein Leben lassen muss. Ich bin fest davon überzeugt, dann würde sich vieles zum Besseren wenden.

Fleisch gehörte von der Frühzeit des Menschen über die Antike, über das Mittelalter bis zur Neuzeit immer zu den beliebtesten Nahrungsmitteln.

Israeliten, Ägypter, Griechen, Römer und Germanen ernährten sich von Tierischem, und weil das Glück, zu essen zu haben, gefeiert werden musste, opferten sie Tiere den höheren Mächten, die sie verehrten. Ochse, Schaf und Ziege stellten zunächst die bevorzugten Opfertiere dar. Bei den Römern änderte sich das. Die Römer und Germanen opferten mit Vorliebe Schweine. Auch im Christentum ist das Tieropfer bekannt. Schon Kain und Abel brachten Gott dem Herrn ein Opfer dar. Kain opferte in einem Anflug von frühem Veganismus die Früchte des Feldes. Abel opferte das schönste Schaf seiner Herde. Gott nahm das Geschenk von Kain nicht an und das Unheil seinen Lauf.[11]

Im Jahr 1104 wurden in Augsburg erstmals die Fleischer urkundlich erwähnt: »*Alle Fleischer sollen zusammen den Stadtpräfekten am Martinstag einen Rinderbraten im Wert von 32 Denaren überbringen.*«[12] Die Fleischer organisierten sich wie die anderen Handwerker auch in Zünften. Da sie Menschen mit Nahrung versorgten, waren sie geachtet und einflussreich. Das Handwerk war im Mittelalter das Herz des blühenden städtischen Lebens. Die

Zünfte waren straff geführte Lebensgemeinschaften, man stand einander bei, pflegte die Geselligkeit und förderte das eigene Gewerbe. Die Metzger wurden zudem im Mittelalter mit der Post-Beförderung betraut, da sie die einzigen Handwerker waren, die Pferde im Stall hatten und zum Vieheinkauf über Land reiten mussten.

Im 13. Jahrhundert setzten die Metzger durch, dass in den Wohnungen nicht mehr geschlachtet werden durfte. Die Menschen lebten nicht selten auch in den Städten noch wie Kleinbauern mit allerlei Viehzeug unter einem Dach. Schlachthäuser entstanden, die natürlich von den Zünften kontrolliert wurden. Die Metzger überwachten mit strengem Blick, dass ihnen niemand ins Handwerk pfuschte. Die Mitglieder der Fleischerzunft hielten eisern zusammen und verteidigten in Kriegszeiten ihre Städte und Gemeinden. Viele Zünfte wurden für ihren Mut mit besonderen Privilegien belohnt. Vom Rat der Städte wurden ihnen Banner, Fahnen und Standarten gestiftet und das Recht, bei Feiern zu festlichen Anlässen zu Pferd und in Uniform zu erscheinen. Die Zunft der Fleischer stand für Lebenstüchtigkeit, Geschäftssinn, Kraft und Wagemut. Zunftmitglieder eroberten immer häufiger die Ratsstühle der Städte und mischten in der Politik kräftig mit.

In Frankfurt mussten die frisch gekrönten Häupter auf dem Weg von der Paulskirche zum Dom an den Ständen der Metzger der Frankfurter Schirn vorbei und wurden von der Zunft mit Bier, Wein und Wurst versorgt. Berühmt wurden Umzüge der Metzger mit Riesenwürsten. 1613 trug man in Wien eine 999 Ellen lange Wurst zur Schau.[13]

Im Jahr 1875 gründeten die Metzger in Gotha den Deutschen Fleischer-Verband. Der Verband wählte als das offizielle Wappentier das Lamm, das mit dem linken Vorderfuß eine Fahne hält.

Das Lamm ist das Symbol der Unschuld und des Opfers zugleich. Johannes der Täufer hat Jesus als das Lamm Gottes bezeichnet.

Aus jeder Epoche existieren Gemälde, auf denen Tiere geschlachtet und verwurstet werden. Auch Metzgerläden verewigte man auf Bildern und natürlich opulente Fress- und Sauforgien, nicht zu vergessen die Gemälde großer Feste und Empfänge, auf denen sich die Tische unter den Bergen von Fleisch und Wurstwaren biegen. Die reichen Metzger und ihre Zunftmeister gaben auch immer wieder selbst Gemälde in Auftrag, auf denen ihr Handwerk ins rechte Licht gerückt wurde. Fast zu allen Zeiten haben sich Künstler von Motiven aus der Berufswelt der Metzger inspirieren lassen.

Der geschlachtete Ochse von Rembrandt aus dem Jahr 1655 gehört zu den berühmtesten Gemälden der Welt und hängt im Louvre. Goya, Delacroix, Daumier und Chaim Soutine haben sich dem Fleischlichen in ihrer Malerei gewidmet (und nicht nur da).[14]

Im Wiener Aktionismus wollten Künstler um Hermann Nitsch schockieren und Tabus brechen und der vollgefressenen Gesellschaft den Spiegel vorhalten. Tierschützer waren Dauergäste auf seinen Happenings und protestierten gegen den Umgang mit geschlachteten Tieren im Rahmen seiner blutigen Kunstevents. Joseph Beuys arbeitete gerne mit tierischem Fett. Ich selbst habe eine Künstlergruppe namens Gotensieben gegründet, die Schlachtabfälle in Skulpturen verwandelt, die Seelen symbolisieren und die als großformatige Fotografien ausgestellt werden.[15]

Früher präsentierten vor allem die Adeligen mit einem reich gedeckten Tisch ihre Macht. Heute ist Fleisch für jeden zu haben, was man ja auch als gutes Zeichen deuten könnte. Ein Blick in den Ernährungsreport 2019[16] offenbart Erstaunliches: 91 Prozent der 1000 Befragten der Forsa-Studie gaben an, dass ihr Essen gesund sein solle. Als persönliches Leibgericht gab aber nur jeder

Zehnte Salat und Gemüse an. Die Leute antworteten auf die Frage nach ihrem Lieblingsessen: Braten, Schnitzel, Gulasch, Spaghetti bolognese und Lasagne. Auf die Frage, ob er viel Fleisch esse, antwortet mein Bruder gerne: »Und wie! Ich futtere 80 Prozent Fleisch, der Rest Schokolade.« Das ist natürlich ein Witz, aber die meisten Leute kaufen dem Metzgermeister diesen Joke widerspruchslos ab.

Als Präsident und Obermeister der Fleischer-Innung Frankfurt-Darmstadt-Offenbach ist mein Bruder der Hüter der *Bundeslade* der Metzger. Die Innung ist im Besitz der Innungstruhe aus dem Jahr 1731. Eine massive, schmiedeeiserne, reich verzierte Truhe, in der nicht nur Briefe, Urkunden und andere Schätze aufbewahrt wurden, sondern auch das Vermögen der Innung.

Während ich über Künste und Zünfte sinniere, liegt Engelbert schnarchend in der Sonne. In der Mittagszeit legt er sich immer für ein paar Stunden in den Schatten der großen Eiche, die am Rande seines Geheges ihre Äste in den Himmel reckt. Schweine, die nur im Stall eingesperrt sind und nie das Sonnenlicht zu sehen bekommen, schlafen oder dösen 90 Prozent des Tages. Tiere, die wie Engelbert im Paradies leben, schlafen zehn bis 15 Stunden.

»Ist Schweinefleisch nicht furchtbar fett?«, will die junge Mutter schließlich noch wissen. Mein Bruder kann dieses weitverbreitete Märchen entkräften: »Ein Schweinefilet hat etwa zwei Prozent Fett. Ein Kotelett bringt es immerhin auf fünf Prozent. Schnitzelfleisch aus der Oberschale liegt bei ca. 1,9 Prozent. Und jetzt kommt's dicke: Die Schweinshaxe liegt immerhin bei zwölf Prozent Fettanteilen. Und das alles bei einem Anteil an hochwertigem Eiweiß von im Schnitt 21 Prozent. Bei diesen niedrigen

Fettanteilen kann kaum ein Joghurt mithalten, und Schweinefleisch macht überdies noch satt. Es gibt auch keine versteckten Fette wie in vielen anderen Lebensmitteln. Es liefert bei geringer Kalorienzahl ein Maximum an hochwertigem Eiweiß.«

Thomas steht nun dicht hinter Engelbert und erklärt am lebenden Schauobjekt, wo beim Schwein die köstlichsten Teile untergebracht sind.

»Fangen wir vorne an. Das Schweineschnäuzchen wurde früher gepökelt, also in Salz eingelegt und gekocht.«

Thomas deutet mit seinem langen Messer, das er als Zeigestock benutzt, auf Engelberts Backen: »Schweinebäckchen sous-vide ist was für Gourmets.« Sous-vide heißt langzeitgegart. Der Sternekoch empfiehlt zehn Stunden bei 80 Grad. Das Bäckchen wird dazu vakuumverpackt.

Der Metzgermeister deutet nun mit der Messerspitze auf Engelberts Nacken. »Das ist der Schweinekamm. Diese Muskeln halten den Kopf. Das Fleisch hat an dieser Stelle einen hohen intramuskulären Fettanteil. Es ist saftig und zart und ideal zum Grillen.«

Thomas fährt behutsam, beinahe zärtlich mit der Messerspitze über den Rücken des Ebers. »Das ist der Schweinerücken und hier unterhalb … das beste Stück vom Engelbert. Die Lende! Das Filet ist ein dünner Muskel. Das Fleisch ist unglaublich zart, feinfaserig und mager. Aus der Filetspitze macht man das legendäre Filet mignon.«

Mein Bruder schiebt das Messer zurück in seinen Köcher und gibt Engelbert einen leichten Klapps auf die Hinterbacken. »Na, und das hier wird Schinken!«

»Und vier Schweinshaxen bekommen wir von Engelbert auch«, ergänze ich den Vortrag von Thomas.

»Wobei der Haxen nicht der Fuß des Schweins ist! Sondern der Unterschenkel. Füßchen gab's bei Oma vor dem Sonntagsbraten. Die wurden mit der Soße aufgekocht und dann von uns Kindern abgenagt.«

»Warum hat Schweinefleisch denn dann so einen schlechten Ruf?«

Thomas kennt die Vorbehalte der Schweinefleischverteufler.

Wenn es heutzutage um die *Wutz* geht, trifft man immer häufiger Menschen, auf deren Stirn sich Sorgenfalten zeigen. Auch da haben die Zeiten sich geändert. Das Wort Wutz war ein Lieblingswort unseres Großvaters Hans. Wenn Thomas und ich auf dem Spielplatz ein kleines Matschbad genommen und uns danach im Sand einen Ringkampf geliefert hatten, begrüßte uns Opa mit dem Ausruf: »Da kommen sie, meine kleinen Wutzebuben!« Das heute nur noch selten verwendete Sprichwort *Es geht um die Wurst* wandelte Opa gerne ab in *Es geht um die Wutz.* Was aus seiner Sicht natürlich folgerichtig war, die Wurst musste er ja erst noch herstellen.

Das Schwein hat heute ein Imageproblem. Früher dachten die Leute bei seiner Erwähnung an Kotelett, Haxe und Schinkenspeck. Heute fallen vielen Verbrauchern da zunächst mal Antibiotika, Massentierhaltung und Krebs ein. Wir wollen das Problem nicht kleinreden. Und auch mein Bruder und ich sind beim Thema Massentierhaltung durchaus unterschiedlicher Meinung. Thomas ist überzeugt davon, dass man die Weltbevölkerung anders nicht satt bekommt. Zumindest nicht morgen und auch nicht übermorgen. Einig sind wir uns, was den Fleischkonsum in den Industrieländern angeht. Da setzen wir uns dafür ein, dass die Leute weniger, aber dafür besseres Fleisch essen, was natürlich dann entsprechend auch bezahlt werden muss.

Der Eber dreht den Kopf in Richtung der Zuschauer, die seinem freundlichen Blick nicht standhalten können und zu Boden starren. Thomas lächelt sanft. Der Metzgermeister hat Verständnis für die Gewissensnöte seiner Kunden: »Wissen Tiere, dass sie sterben? Ich glaube nicht.«

Mein Bruder kennt natürlich die Vorwürfe der Tierschützer, die zum Teil ja auch berechtigt sind.

»Ich glaub schon, dass die Tiere auf dem Transport zu den Schlachthöfen und dann im Schlachthof aufgeregt sind. Sie registrieren die Veränderung um sich herum und sind in Habachtstellung.«

»Und wie oft bekommen die Tiere Nachwuchs?«, will ein Gast des Schlachtfestes wissen.

»Ferkeln heißt das bei uns. Erst müssen die Eber ran, also die, die noch können.« Unsere Biobäuerin Judith Franßen versprüht den gleichen herben Charme wie eine bekannte TV-Köchin, die ihre Fernsehkarriere als Magd in einer Doku-Serie begann und heute zum festen Inventar der köchelnden Medienwelt gehört. Hinter Judiths bezauberndem Lächeln blitzt manchmal eine Härte auf, ohne die Menschen, die ihren Lebensunterhalt in der Landwirtschaft verdienen, nicht überleben würden. Engelbert war Teil der Franßenfamilie – das gehört zur Hofidylle –, aber auch der Eber ist ein Nutztier, und wenn es nutzt, ihn zu schlachten, dann wird das halt so gemacht. Da zuckt die Franßenbäuerin nicht einmal mit der Wimper.

»Der Orgasmus eines Ebers kann 20 Minuten dauern«, klärt die Bäuerin die Hofgäste weiter auf. Es gibt nur wenige Menschen, die das Wort Orgasmus so aussprechen können, dass es klingt, als hätten sie Worschtsupp gesagt. Die Bäuerin gehört auf jeden Fall dazu.

Die Brüder von Engelbert, die als Zuchteber arbeiten, kommen auf einen Liter … pro Orgasmus. Viele Zuchteber zeugen im Jahr über 20.000 Ferkel. 27 Millionen Schweine werden in Deutschland gehalten. 99 Prozent wurden per Handbetrieb gezeugt. 5000 Zuchteber liefern in Deutschland dafür das nötige Sperma.[17] Säue kommen alle drei Wochen in die Rausche, und dann wird künstlich besamt. Am Ende ist das dann doch alles eine eher unromantische Angelegenheit.

Bis das Schnitzel auf dem Teller liegt, geht das Schweinefleisch durch viele Hände: Da ist der Absamtechniker, dann sein Chef, der Spermaproduzent, der meistens nicht nur einen Eber im Stall hat. Er verkauft das Sperma an den Ferkelerzeuger, der die Säue befruchtet und dann die Ferkel an einen Mastbetrieb liefert. Sind die Schweine schlachtreif, werden sie von einem Viehtransporter abgeholt und zum Schlachthof gekarrt, da warten die Schlachter. Dann gibt es Händler, die das Fleisch aufkaufen und an die Wurstfabriken, Metzger oder Supermärkte liefern. Kommt das Fleisch aus dem Ausland, verdienen noch mehr Leute mit.

Es gibt natürlich noch Metzger, die ihre Schlachttiere direkt beim Bauern kaufen und selbst zum Schlachthaus transportieren und schlachten. Zur Wahrheit gehört aber auch, dass das eher die Ausnahme ist als die Regel.

Engelbert dreht sich trippelnd einmal um die eigene Achse und wackelt mit seinem Ringelschwänzchen. Aus seinem Hintern flatscht ein Schwung Kacke, was das Tier noch mehr zu entspannen scheint. Der Eber wandert einen Meter von seiner Hinterlassenschaft weg, gerade so, als wolle er sich von den Produkten seines Verdauungstraktes distanzieren. Er schaut zu meinem Bruder und uriniert dann frech vor den Augen der Zuschauer auf den Boden. Die Eberpisse hat auch ohne die Hormone aus den Eberhoden einen scharfen Geruch.

»Ganz schöne Schweinerei!«, witzelt jemand. Mein Bruder schüttelt den Kopf und lacht: »Nee, nee, dass Schweine Schweine sind, stimmt so nicht. Da wo sie schlafen und futtern, da kacken sie nicht hin. Es sei denn, man pfercht sie ein, was leider zu oft gemacht wird. Schweine können nicht schwitzen, deshalb suhlen sie sich im Schlamm. So muss der Eindruck entstanden sein, dass Schweine gerne Schweinereien machen.«

Von Engelbert ist nur ein freundliches »Oink-oink« zu hören.

4

DARF'S EIN BISSCHEN MEHR SEIN?

Wie man aus Schweinen Gold macht

Statt um Opa Hans zu trauern, wurde nach seinem Tod noch mehr geackert. Das sichere Gefühl, jetzt selbst unwiderruflich die Nummer eins zu sein, beflügelte unseren Vater Willi, der jetzt als Haxen-Reichert loslegte. Er erweiterte die Metzgerei um einen Stehimbiss, und aus Opas Ruheraum wurde ein schmucker Gastraum. Es gab Bier vom Fass, Asbach im Cognacschwenker, und auf der weiß-blau karierten Speisekarte standen Schweinshaxe, Rumpsteak und Jägerschnitzel, Bouillon mit Ei, Strammer Max und Frikadellen. Natürlich alles hausgemacht und in Portionsgrößen, mit denen man ganze Kleinfamilien satt bekommen hätte. Mein Vater hat seinen Traum verwirklicht. Er hatte im Grunde als junger Mann keinerlei Optionen, was außer Metzger aus ihm werden könnte, und er hat später jede Menge Sinn in seinem Beruf gefunden.

Er hat sein Handwerk geliebt und meisterhaft beherrscht und sich ihm grundlegend und leidenschaftlich gewidmet.

Morgens um sechs wurde der Rollladen des Ladens hochgezogen, da standen die Rotfabriker von der Nachtschicht schon Schlange. Bis acht Uhr waren die ersten 50 Rumpsteaks mit Zwiebeln serviert, und nicht selten musste um neun Uhr schon ein frisches Fass Kulmbacher Reichelbräu angesteckt werden. Die Schüler der Paul-Ehrlich-Berufsschule gegenüber drängten sich in ihrer großen Pause um zehn Uhr vor der heißen Theke, spachtelten Hamburger und Currywurst mit Pommes. Ab elf Uhr wurde der Mittagstisch für die Tagesschicht und die Bürohengste der Hoechst AG vorbereitet. Zwei Köchinnen panierten, pochierten und passierten, was sich ihnen in den Weg stellte. Auf dem Herd brutzelten die Schweinenackensteaks, und in einem riesigen Topf blubberte braune sämige Soße. Eine Pfanne war für Zwiebeln reserviert. Die Gäste bestanden darauf, dass das Fleisch unter einem Berg goldbraun gebackener Zwiebeln begraben sein musste. Der Tag für die Lehrlinge, die damals beim Haxen-Reichert Metzger oder Verkäuferin lernten, begann deshalb mit einem 20-Kilo-Sack Zwiebeln, den sie in Lichtgeschwindigkeit zu schälen hatten.

In der Wurstküche füllten die Gesellen tonnenweise Fleisch- und Rindswurst und lieferten die Delikatessen brühwarm an die Kantinen der Chemiefabrik aus. In den Auslagen der Metzgerei türmten sich die Wurstsorten und warteten zusammen mit den Filetstücken der Rinder auf die Hausfrauen, die nachmittags zum Einkaufen vorbeikamen, bevor dann wieder die Arbeiter am Ende der Tagesschicht reinschneiten und den Feierabend begossen. Beim Haxen-Reichert rotierten in unserer Jugend Tag und Nacht Cutter[18] und (Fleisch-)Wolf, und die Füllmaschine drückte saftiges Brät in endlose Därme. Die Leute aßen, als gäbe es kein Morgen und kein Cholesterin.

In der zweiten Generation waren aus den Schwaben Hessen geworden. Unser Vater Willi hatte zu babbeln angefangen und war ein echter *Heechster* geworden, er kickte beim Fußballverein SG Hoechst 01 und gründete den Metzgerkegelklub »Wutz geh ran«. Als Präsident der Kegelbrüder war er bei Klubkämpfen ein Garant für alle Neune.

Willi Reichert war in seiner Jugend geschätzter Libero der SG Hoechst 01 und lieferte nun die Bratwurst zu den Punktspielen in den Stadtpark. Der Klub spielte damals in der Oberliga, und unser Vater mischte als Vorstandsmitglied auf dem lokalen Transfermarkt kräftig mit. Die für das deutsche Vereinswesen unvermeidlichen Strippenzieher, Dummbabbler und Adabeis trafen sich regelmäßig in unserer Vesperstube, um darüber zu beraten, welcher Stürmer bei wem auf die Gehaltsliste gesetzt werden sollte, damit er im Stadtpark Tore schoss. Wobei »Gehaltsliste« das Codewort für die Schwarzgeldkassen der örtlichen Kleinunternehmer war. Kein Metzgermeister, Getränkegroßhändler oder Installateur wäre so dämlich gewesen, versteuertes Bares in einen der großmäuligen Kicker zu stecken, die natürlich ihrem Selbstverständnis nach alle in die Bundesliga gehörten und im Frankfurter Westen auf ihren Durchbruch warteten. Mit anderen Worten: Bei der SG ging es auch nicht anders zu als beim FC Bayern oder einem anderen großen Klub in den 1970er-Jahren.

Der deutsche Fußball war und ist von den Metzgern förmlich unterwandert. Der Metzgersohn Uli Hoeneß vertickte im Lauf seiner ruhmreichen Karriere im großen Stil Spieler, Weißwurst und Aktien. Ein paar Papiere vom Bayern-München-Partner Adidas wird er noch heute im Portfolio haben, schon als Erinnerung an die gute alte Zeit, als Herbert Hainer noch Vorstandsvorsitzender des Konzerns war. Auch er ein Metzgersohn und mittlerweile

Präsident des FC Bayern. Man kann sich die beiden gut in der VIP-Lounge der Allianzarena vorstellen, wie sie samstags in der Halbzeitpause Schübling-Rezepte[19] austauschen.

Ganz oben auf der Liste der erfolgreichsten Metzgersöhne aller Zeiten findet sich noch ein weiterer Fußballfunktionär: Clemens Tönnies, gelernter Fleischtechniker und Kaufmann, lässt beim Revierklub Schalke 04 die Knappen für sich laufen und beschäftigt weltweit über 16 000 Mitarbeiter in seinen Schlachtfabriken.[20] Tönnies hat bewiesen, dass man mit dem Verkauf von toten Schweinen zu den reichsten Familien Deutschlands aufschließen kann. Metzger und Fußball sind zwei Seiten ein und derselben Medaille. Mit einer guten Portion Bauernschläue, einer Prise Kaltschnäuzigkeit und einem Hauch Brutalität kann man es in beiden Welten sehr weit bringen.

Auch die Politik und das Showgeschäft sind Felder, auf denen sich Sprösslinge aus Fleischerfamilien gerne tummeln. Dass viele Metzgersöhne gerade hier groß Karriere gemacht haben, liegt daran, dass man außer Härte und Schlitzohrigkeit auch eine gesunde Portion Humor braucht, um bestehen zu können. Alles Eigenschaften, ohne die man auch in keiner Wurstküche überleben könnte.

Entertainer Stefan Raab ist gelernter Metzger, was, wenn es erwähnt wird, nie schmeichelhaft gemeint ist. Raab geht damit souverän um und nannte eine seiner TV-Produktionsfirmen Metzgerei Raab TV. Auch die Bestsellerautorin Nele Neuhaus war dem Metzgerhandwerk viele Jahre eng verbunden. Bevor sie mit ihren Büchern reich und berühmt wurde, war sie die Ehefrau eines erfolgreichen Fleischfabrikanten.

Vom Metzgersohn Joschka Fischer ist nicht bekannt, dass er mit diesem Teil seiner Vergangenheit locker umgegangen wäre. Auf jeden Fall nicht so locker wie mit seiner Zeit als Taxifahrer und Revoluzzer.

Auch die Konservativen hatten einen echten Star in ihren Reihen, der aus einer Metzgerfamilie stammte: Franz Josef Strauß, CSU-Ikone und Krawallschachtel aus München, wuchs zwischen Schweinshaxen, Schinkenspeck und Blutwurstpflanzerln auf. Für unseren Vater war Strauß ein Held.

Als Sohn vom Haxen-Reichert genoss ich besonderes Ansehen in der Jugendabteilung der SG Hoechst 01. Trainer und Betreuer freuten sich über die finanzielle Unterstützung des Metzgers, einige meiner Mannschaftskameraden waren davon überzeugt, dass ich nur auf dem Platz stand, weil mein Vater ein großer Förderer des Vereins war. Nun gehörte es bei jedem Provinzklub zur Folklore, dass die Mitglieder hinterrücks die übelsten Gerüchte übereinander verbreiteten und sich mit fein gesponnenen Intrigen gegenseitig in die Pfanne hauten.

Der Stadtpark wurde zu meinem zweiten Zuhause. Hier wartete Rolf Süß auf uns, ein Malermeister, der drei Söhne hatte und trotzdem noch Lust, sich dreimal die Woche mit uns Jungs zu treffen und mit uns Querpässe, Rückpässe, Doppelpässe und den tödlichen Pass zu üben.

Herr Süß gab mir etwas, was ich in unserem Metzgerhaushalt nie bekam. Er schenkte mir Aufmerksamkeit und Zuneigung, er gab mir das Gefühl, ein wichtiger Teil von etwas Großem zu sein. Das Gemeinschaftserlebnis, als Kind Teil der C-Jugendmannschaft dieses Vereins gewesen zu sein, trägt mich bis heute. Vereine sind in guten Momenten Orte, wo Herkunft, Hautfarbe, Bildung, all die Dinge, die im richtigen Leben eine große Bedeutung haben, keine Rolle spielen. Anerkennung bekommt man, wenn man bereit ist, mitzumachen, sich zu engagieren.

Gute Trainer können genau wie gute Lehrer dafür sorgen, dass man als verlorene Seele nicht ganz ohne Fundament durchs

Leben stolpern muss. Unser Trainer Rolf Süß hat mich und die anderen Straßenköter aus der Vorstadt von der Straße geholt und uns Selbstvertrauen, Mut, Fairness und Zusammenhalt eingebimst. Er hat uns erzogen und zu halbwegs anständigen Kerlen gemacht.

Männer wie Rolf Süß haben nicht nur verhindert, dass ich die ein oder andere falsche Abzweigung im Leben genommen habe, sie haben wahrscheinlich bei vielen Jungs für ein starkes Fundament gesorgt.

Weil ich keine Ahnung hatte, was ich sonst mit meinem Leben anfangen sollte, verbrachte ich fast meine ganze Kindheit auf dem Fußballplatz im Stadtpark. Die Liebe zum Fußball war eine der wenigen Gemeinsamkeiten, die ich mit meinem Vater teilen konnte. Trotzdem hatte Willi während meiner gesamten Fußballerkarriere nur ein- oder zweimal Zeit, zuzuschauen, wenn ich kickte. Der Laden war halt immer voll.

Mit den Gästen in seiner Kneipe und den Kunden vor der Fleischtheke konnte unser Vater einfach mehr anfangen als mit seinen Söhnen. Gut, mein Bruder war als Kronprinz klar im Vorteil. Er stand, was das Zerlegen der Rinderviertel und das Füllen der Lyoner anging, unter Beobachtung. Ansonsten hat mein Vater an seinen Kindern nicht viel Interesse gezeigt. Mit einer ausgewählten Schar seiner Gäste machte er jedes Jahr einen Ausflug zum Oktoberfest nach München. Vor Reisen mit der Familie wiederum hat er sich gerne gedrückt.

Als Chef der Metzgerei ist Willi so richtig durchgestartet. In seinem strahlend weißen Kittel sah er aus wie die promovierten Laboranten der Hoechst AG. Mir kam es manchmal so vor, als hätte er sich in einen Alchemisten verwandelt. Papa Willi konnte aus Schweinen Gold machen. In den Tiefen der Kühltheke im

Laden tat sich für die Hausfrauen und Arbeiter aus der Nachbarschaft ein ganzes Fleisch- und Wurstuniversum auf. Surreale Landstriche, die für mich immer ein bisschen so aussahen wie die Spielzeugländer, die der Märklin-Freak, der drei Häuser weiter wohnte, auf seinem Dachboden für seine Eisenbahn gebastelt hatte.

Statt H0-Alpenpanorama mit gepuderten Schneegipfeln ragten in der Fleischtheke Hochrippen vom Rind auf, auf deren Gipfeln ein dotteriger Fettrand schimmerte. Statt grüner Landschaften, bepflanzt mit Wiesenimitat und Plastiktannen, bot die Auslage der Theke einen Ausblick auf fein säuberlich durch Petersilienhecken eingezäunte Felder aus aufgeschnittener Bierwurst, Gelbwurst, Zervelatwurst und Corned Beef. Preisschilder reckten sich in die Höhe wie die Miniatur-Reklametafeln an den Bahnsteigen der Modelleisenbahn. Die Pyramiden aus Fleischwurst, Rindswurst und Frankfurter Würstchen schwollen zu einer Märchenstadt aus 1001 Nacht heran, mit der die Schweizer Alpenhöfe, Offenburger Stadthäuser und Kinzigtaler Speicher auf dem Fertiggelände der H0 nicht mithalten konnten.

Die silberne Aufschnittmaschine mit ihrem rotierenden Messer schwebte bedrohlich wie Saurons Auge über Mordor über diesem Auenland aus Speck, Hackepeter und Schwarzwälder Schinken. Die Pendelwaagen mit ihren fächerartigen Köpfen wachten über meine heile Welt aus Fleisch und Wurst, wie der Ent Baumbart über Mittelerde.

Hinter der Auslage wuselten die Fleischereifachverkäuferinnen in ihren blütenweißen Kitteln zwischen Wurstwärmer, Heißtheke und Registrierkasse hin und her. Sie reichten die knusprigen Frikadellen und daumendick belegten Leberkäsbrötchen an die Rotfabriker weiter, beugten sich dabei verführerisch über den Tresen und gewährten einen kurzen Blick auf ihre bebenden

Hügellandschaften, die für die Arbeiter unerreichbar schienen. Zumindest zur Hauptgeschäftszeit. Dann tippten Luise, Moni und Brigitte auf dem schwerfälligen Kassenkoloss herum, der beim Aufspringen schepperte wie der Spielautomat einen Raum weiter in der Vesperstube, wenn er einen Hauptgewinn ausspuckte.

Der Laden war immer voll.

An der Stirnseite des Metzgerladens glänzte die silbrige Tür zum Kühlhaus, in der sich das Neonlicht der Deckenlampen spiegelte. Die eierschalenfarbenen Kacheln an den Wänden blitzten sauber, und die rutschfesten mit kleinen, leicht erhöhten Noppen gesprenkelten Fliesen des Bodens sorgten bei Mitarbeitern und Kunden für festen Stand. Unser Laden wirkte auf mich so heilig wie ein Kirchenschiff. Der Krönungssaal einer Kaiserpfalz hätte mich nicht mehr beeindrucken können. Nur standen da vor der schimmernden Kühlhaustür eben kein Altar und auch kein Herrschersitz.

Dort thronte der Hackklotz. Für einen Metzgermeister ein deutlich wichtigeres Möbelstück als ein prunkvoll verzierter Thronsessel. Auf dem Hackklotz zelebrierten die Reicherts die höchste Form der Fleischveredelung. Mein Großvater und mein Vater säbelten darauf Filets aus Rinder- und Schweinelenden zurecht. Sie hielten von dieser zentralen Position aus Wache und regierten ihr kleines Reich. Mein Bruder säbelt und regiert noch heute.

In einer Metzgerei aufzuwachsen hat viele Vorteile. Gelbwurstscheibchen gab es jeden Tag. Rumpsteak und Schnitzel gehörten zu den Grundnahrungsmitteln, und die Leber- und Fleischkäsequelle schien nie zu versiegen.

Unsere Schulbrote waren zentimeterdick mit allem belegt, was die Wurstmacherzunft hergab.

Warum ausgerechnet wir beiden Metzgerkinder aussahen wie Zwillingsbrüder von John Paul Getty mit Ohren, kann nur an den Model-Genen unserer Mutter gelegen haben, die sich gegen die hohenlohische Grobschlächtigkeit der väterlichen Linie durchgesetzt hatten.

»He, du bist doch der einzige Metzgersohn, der beim Laufen klappert!«, riefen mir die Gesellen hinterher.

Für ein Metzgerkind war ich viel zu dünn, wie unser Vater fand. Und deshalb sah er es gar nicht gerne, wenn ich zur Hauptgeschäftszeit im Laden aufkreuzte. Metzgermeister Willi Reichert war überzeugt davon, dass sein dünner Bub geschäftsschädigend war, ein Hungerhaken, der sich weigerte, zuzunehmen, egal wie viele Frikadellen man an ihn verfütterte.

Ein Nachteil, Spross einer Metzgerzunft zu sein, war, dass die Wurstküche der Metzgerei Haxen-Reichert direkt unter unserem Kinderzimmer lag. Jeden Morgen wurden wir vom

Kreischen einer Knochensäge unsanft aus dem Schlaf gerissen. Und statt Gefühl gab es bei uns Wienerle. Der Ton war rau, und auch sonst ging es im Leben von uns Metzgerkindern eher rustikal zu.

Als kleiner Junge war ich bei einem unserer regelmäßigen Besuche im Frankfurter Schlachthof einer Herde Kälber gefolgt. Ich streichelte die Tiere und ließ sie an meinem Daumen nuckeln. Ein Kalb nach dem anderen verschwand in einem Seitengebäude des Schlachthofes. Neugierig wagte ich einen Blick durch die angelehnte Tür. Das Kälbchen, mit dem ich mich eben noch angefreundet hatte, wurde an den Hinterläufen aufgehängt. Dann schritt ein Mann mit einem langen Messer auf das Tier zu und schnitt ihm mit einer schnellen Bewegung die Kehle durch. Das Blut schoss in einer Fontäne aus dem Hals und lief an den Wänden des Raumes hinab. Ich hatte mich an den Ort verirrt, wo Tiere aus religiösen Gründen geschächtet wurden. Auf der Heimfahrt kullerten mir heiße Tränen über die Wangen, und mein Vater sah sich wieder mal in seinem Urteil bestätigt, dass der Bub einfach zu weich war, eben eine Heulsuse und damit nicht geeignet für den ehrbaren Beruf des Metzgers. Wenigstens strich er mir zärtlich den Wirbel platt.

Zum Glück gab es Gertrude. Die Fleischereifachverkäuferin, die sich im Laufe der Jahre zur Thekendame hochgearbeitet hatte, rettete mich in jungen Jahren vor den Folgen familiärer Vereinsamung. Gertrude stand stark blondiert, stark toupiert, stark parfümiert und je länger ihre Schicht dauerte auch stark alkoholisiert hinter dem Tresen der Vesperstube, unseres einstigen Esszimmers, das irgendwann zur Kneipe umgebaut worden war. Anders als die Verkäuferinnen in der Metzgerei, wo jede Art von optischer Aufhübschung streng verboten war, duldete es der Chef, dass Gertrude sich aufbrezelte.

Wenn ich damals als kleiner Bub in ihren Armen lag, konnte sie mich mit den Wimpern an der Nase kitzeln. In ihren Augen stand immer das Wasser, so als würde sie jeden Moment anfangen zu weinen. Ihre Wangen glühten, und ihre Lippen waren stark überschminkt, was sie in meiner kindlichen Wahrnehmung immer ein bisschen wie einen Clown aussehen ließ. Da Mama niemals kuscheln wollte, zumindest nicht mit mir, warf ich mich bei jeder Gelegenheit Gertrude an den Hals. Sie drückte und herzte mich, und ihre großen Brüste umschlossen mich wie zwei mächtige warme Kissen. »Klausimausi«, »Klausilein«, »Klausilienchen« – fast jeden Tag überraschte sie mich mit einem neuen Kosenamen, drückte mich fest an sich und narkotisierte mich mit ihrem vom Cognac geschwängerten Atem in den Mittagsschlaf. Die Gesellen riefen dann: »Na, Gertrude, schießt wieder die Milch ein?«

Am Tresen mit der Supernanny (ganz links).

Sex sells! Das galt schon damals. Es war für mich kein schöner Gedanke, als ich begriff, dass Papa Gertrude, nachdem er die Stube umgebaut hatte, nur deshalb hinter den Tresen stellte, weil sie bei den Kerlen gut ankam. Die große Mehrheit der Gäste in der Vesperstube waren Männer – langweilige Schlipsträger und hemdsärmelige Arbeiter, die Leberkäse mit Ei, Zwiebelschnitzel und Gulaschsuppe orderten und meiner Gertrude in den Ausschnitt glotzten.

Mein Vater wusste, wie man einen Laden am Laufen hält. Er schuftete von Sonnenauf- bis nach Sonnenuntergang. Mama stand vormittags fleißig hinter der Ladentheke der Metzgerei und verbrachte ihre Nachmittage in den Umkleidekabinen der Boutiquen des Stadtteils oder beim gemischten Doppel am Netz.

Einzigartig im doppelten Sinne blieb unsere Fahrt als Familie nach Helgoland. Windstärke acht. Die Nordseewellen türmten sich haushoch vor uns auf. Den oberen Teil der Reling des Dampfers, der uns nach Helgoland schipperte, bildete eine Metallstange, die genau so viel Platz ließ, dass man zwei Kinderbeinchen hindurchstrecken konnte. Mein Bruder und ich saßen auf der Brüstung, die Füße baumelten über der wütenden See, und wir krallten uns an das kalte Metall. Mal sahen wir nur graues Wasser, mal den grauen Himmel, wir jauchzten vor Begeisterung über das Auf und Nieder des Ausflugsschiffs. Dass wir uns in akuter Lebensgefahr befanden, war uns nicht bewusst, und auch unser Vater, der hinter uns stand und uns mit seinen starken Armen festhielt, schien keinen Moment daran zu denken. Hätte er einen von uns auch nur für eine Sekunde losgelassen, hätten wir in den Fluten ein blubberndes Seemannsgrab gefunden. Es war herrlich. So viel Spaß hatten wir nie mehr mit Papa. Wir hatten seine volle Aufmerksamkeit, er hielt uns fest, und wir fühlten uns vollkommen sicher und geborgen. Es war der perfekte Moment. Vater und Söhne im Glück vereint. Aus heutiger Sicht reiner Wahnsinn, aber schön war es trotzdem.

Drei Fashionmetzger im Urlaub. Auch in späteren Jahren waren wir modisch unschlagbar.

Von diesem Moment an verging kein Jahr mehr, in dem mein Vater nicht den Vorschlag machte, mit uns Jungs mal wieder nach Helgoland zu fahren. Wir waren nie mehr dort.

Der Laden war für Willi die Welt. Er liebte es, am Hackklotz zu stehen, die Qualität seiner Wurst- und Fleischwaren anzupreisen und gekonnt mit dem Schlachtermesser rosiges Rindfleisch zu filetieren.

Da war er ganz in seinem Element. Wenn Papa gekonnt das große Messer führte, hatte das etwas Meditatives. Seine Kunden starrten wie hypnotisiert auf die silberne Klinge und verfolgten das geschmeidige Hin und Her der Schneidebewegung, von der etwas Beruhigendes, beinahe Zärtliches, auf jeden Fall weihevoll Sakrales ausging. Ihn beim Ausbeinen und Zuschneiden zu stören war eine Sünde. Und da er immer arbeitete, fühlte ich mich meine ganz Kindheit und Jugend hindurch schuldig, weil ich, wann immer ich etwas von ihm wollte, ihn von etwas Wichtigerem abhielt.

Oft kam ich mir vor wie ein überflüssiger Untertan, der wie ein lästiger Bittsteller an den Hackklotz herantreten musste, um zum Beispiel an sein Taschengeld zu erinnern. Mein Vater urteilte dann gut hörbar für alle Kunden und Mitarbeiterinnen, dass so kleine Taugenichtse wie ich viel zu viel Geld für Unsinn ausgaben, um mir dann gönnerhaft aus seinem riesigen, prall gefüllten schwarzen Portemonnaie mein Taschengeld in Form von vier Fünfmarkscheinen auszuzahlen. Diese grünen Scheine mit der jungen Venezianerin nach Albrecht Dürer waren die kleinsten Scheine, die damals im Umlauf waren. Willi hätte mir auch einfach einen Zwanziger in die Hand drücken können, aber das hat er nicht übers Herz gebracht. Diese für mich demütigende Zeremonie der Taschengeldübergabe zog er bis zu meinem Studium durch. Als ich 500 Mark im Monat für meinen Unterhalt von ihm bekam, abgezählt in 100 Fünfmarkscheinen, wurde mir dieses Verfahren dann doch zu albern, und ich habe mir ein Konto zugelegt, auf das er per Dauerauftrag überweisen konnte. Hat er dann auch gemacht.

Mein Vater war ein Mensch, der den großen Auftritt liebte. Der Platz hinter dem Hackklotz war seine Bühne. Die zweite Bühne, die unser Vater bravourös bespielte, war der Tresen in der Vesperstube. Der Hackklotz war der Thron, sein Barhocker an der Theke war der Ort, an dem es nach dem Regieren zum gemütlichen Teil des Tages überging. Hier schwadronierte er zusammen mit einem Geschwader erlesener Suffköppe über die großen Themen der Zeit: Würde die SG Hoechst den Aufstieg in die Hessenliga schaffen? Wäre der Metzgersohn Franz Josef Strauß nicht der bessere Kanzler für unser Land gewesen? Warum wird die Maß auf dem Oktoberfest jedes Jahr teurer?

Mein Vater war sein Leben lang der perfekte Metzger und ein grandioser Gastwirt und großzügiger Gastgeber. Er war rund um die Uhr für seine Gäste und Kunden da, immer ein freundliches Lächeln im Gesicht und immer bereit, einen Enzian oder eine Halbe Bier mitzutrinken. Die Idee, außerhalb von München ein Oktoberfest zu feiern, hatte er vor über 40 Jahren, als noch niemand den Braten roch und das Oktoberfest noch kein bundesweiter Trachtenkarneval war. Da die Schweinshaxe zum Oktoberfest gehörte wie das Wiesnbier, die Lederhose, das Dirndl und die Blasmusik und mein Vater so geschickt war, das Fest im Hof der Metzgerei so originalgetreu wie in München aufzuziehen, wurde aus Willi Reichert der Höchster Wiesnwirt. Der Name »Haxen-Reichert« muss das erste Mal bei einem Besuch bei seinen Münchener Freunden gefallen sein. In München gäbe es den Haxnbauer und in Frankfurt den Haxen-Reichert. Willi fühlte sich geschmeichelt, mit einem derart renommierten Wirt auf eine Stufe gehoben zu werden, und meldete den Namen Haxen-Reichert als Marke an.

Einmal im Jahr verwandelten sich die Frankfurter Metzger, ihre Gattinnen und der Nachwuchs in hemmungslose Feierbiester. Der alljährliche Metzgerball im Frankfurter Zoogesellschaftshaus war für die Metzgerfamilien, was für die Wiener der Opernball oder für die New Yorker die Met Gala ist.

Mode gehörte nie zu den Kernkompetenzen der Metzgerzunft – bis unsere Mutter kam. Mama war ein Hingucker. Der Metzgerball war ihre alljährliche Bühne. Die Metzgerfrauen versuchten sich gegenseitig mit dicken Klunkern und teuren Nerzstolas zu übertrumpfen. Doris reichte ein einfaches, hochgeschlitztes schwarzes Kleid, um die Wurstbarone um den Verstand zu bringen. Willi wirkte neben seiner Frau wie ein großer Schulbub, der sich in Cindy Crawford verguckt hatte. Thomas und ich wurden in kleine Kindersmokings gesteckt und dienten der Ballkönigin als Entourage: Cinderella, das willenlose Willi'schen und die zwei süßen Zwerge. Die Auftritte unserer Mutter waren filmreif.

Willi und Doris zusammen mit Darmhändler Christ und Gattin auf dem Metzgerball.

Wurde am frühen Abend noch Walzer gespielt, verwandelte sich das Zoogesellschaftshaus später dann, wenn die ersten Kübel Kalte Ente geleert waren, in eine Art Studio 54 der Fleischer-Innung. Einmal im Jahr wurde die Sau rausgelassen, da flog die Kuh um die Lampe. An diesen Abenden durfte es nicht nur, es musste bei den Metzgern ein bisschen mehr sein. Viel mehr! Vor der Tür dicke Autos, um den Hals dicke Perlenketten, in den Smoking-Jacken dicke Brieftaschen. Damals zahlte man noch bar.

Max Greger mixte mit seiner Band den Soundtrack aus krachendem Schlager, quietschbuntem Pop und zart schmelzendem Soul. Da sangen die Metzger im Chor *Marina, Marina, Marina*, schwoften zu *Delilah*, warfen zu *Venus* die Arme in die Luft. Und mittendrin unsere Mama, die davon träumte, *Das schöne Mädchen von Seite 1* zu werden. Willi stand am Rand der Tanzfläche und machte sich Gedanken über *Die Maschen der Mädchen*. Wahrscheinlich ahnte er, dass seine Doris irgendwann ohne ihn nach *Mendocino* aufbrechen würde.

Je nachdem, wen man fragt, wird die Geschichte der Trennung unserer Eltern unterschiedlich erzählt. Für die einen floh Doris aus der Metzgerei wie Cinderella aus der Küche ihrer bösen Stiefmutter. Andere flüsterten sich hinter vorgehaltener Hand zu, sie sei vertrieben worden von der Raffgier und Lieblosigkeit ihrer Schwiegereltern. Auch das Märchen vom Millionär, der Doris aus den Fängen der Kleinbürger befreite, machte die Runde. Doch das war wirklich ein Märchen.

Unangefochten auf Platz eins der Katastrophen meiner Kindheit ist der Tag, an dem meine Mutter ihre Koffer packte. Ich saß auf dem Ehebett meiner Eltern und sah meiner Mama dabei zu, wie sie Cacharel-Blusen, ihre Strickkleider von Sonia Rykiel und ihre Lieblingshose von Vivienne Westwood in ihrem

Koffer verschwinden ließ, dazu Unterwäsche, Nylons und ein paar Handtücher.

Wäre da nicht die Janis-Joplin-LP gewesen, die meine Mutter sorgsam zwischen zwei Missoni-Pullovern verstaute, sie hätte auch in den Sommerurlaub nach Ibiza fliegen können. Sie sprach kein Wort. Hin und wieder lächelte sie zu mir rüber, was mich glauben ließ, Mama würde gleich damit anfangen, meine Badehosen und Turnschuhe einzupacken.

Keine Ahnung, wo mein Vater und mein Bruder damals steckten. Es gab nur mich und meine Mutter in diesem düsteren Raum, in dem sie den Koffer zuklappte, vom Bett hievte und entschlossen verkündete: »Ich geh jetzt.«

Was dann passierte, kann ich nicht mehr genau sagen. Mir müssen damals ein paar Sicherungen durchgebrannt sein. Ich saß zwei, drei Stunden bewegungslos auf der Bettkante. Die Schranktür vor mir stand offen. Der Teil des Kleiderschrankes, in dem eben noch die Kleider meiner Mutter hingen, war leer. Die Leere floss wie in einem Stephen-King-Roman als schwarzer Schleim aus der Dunkelheit des Schrankes, erreichte meine Zehen, kroch an meinen Beinen hoch, umhüllte meinen Leib und zog sich über meinen Kopf, da, wo der Wirbel war, zusammen. Für diesen Moment musste jemand das Wort *mutterseelenallein* erfunden haben.

Manche Dinge im Leben muss man einfach aushalten. Das hier war für mich nicht auszuhalten. Ich rannte aus dem Schlafzimmer, raus aus unserer Wohnung, die Treppen runter, vorbei am Eingang der Metzgerei raus auf die Brüningstraße und schrie nach meiner Mutter.

»Maaaammmmmaaaa!« Mir wurde schwarz vor Augen. Dumpfe Todesangst überlagerte jedes Gefühl für Zeit und Raum. Mein Mund stand offen, aber ich atmete nicht mehr. Ich hatte vergessen, wie das geht. Ich hatte alles vergessen. Wer und wo ich war. Ich war ein Nichts im Nirgendwo.

»Komm, komm, Klausi … wir gehen rein.« Zärtlich umschlangen mich zwei starke Arme. Moni die Geiß küsste mich auf den Wirbel und schob mich zurück ins Haus. Moni war die Nachfolgerin von Gertrude hinter der Theke in der Kneipe meines Vaters.

Tagsüber in seinem Laden funktionierte unser Vater, als wäre nichts gewesen. Abends kamen die dunklen Gedanken, die er mit reichlich »Hütchen«, ein damals beliebtes Cola-Cognac-Gemisch, vertrieb. Zum Glück trat wenige Wochen nach der Flucht, dem Auszug, einige sprachen mittlerweile von Vertreibung unserer Mutter, eine neue Frau in sein Leben. Christel! Christel war Metzgersfrau mit eigenem Laden in gehobener Nachbarschaft am Taunushang. Es dauerte nicht lange und auch unser Vater packte die Koffer. Willi fing mit Christel ein neues Leben an, und Thomas und ich blieben zurück in der riesigen Wohnung über der Metzgerei.

Unser Vater delegierte nach der Trennung von unserer Mutter das Familienleben ganz offiziell dahin, wo es schon seit Jahren zu Hause war. Die Fleischereifachverkäuferinnen sorgten dafür, dass wir pünktlich zur Schule kamen, sie bereiteten das Mittagessen für uns zu und überwachten die Putzfrau und Wäschefrau. Und sie schauten besorgt auf die Waage, da ich dünner und dünner wurde.

Willi hatte das große Los gezogen. Christel passte ins Geschäft, und, was noch besser war, sie brachte gleich noch einen Laden mit in die Beziehung ein. Sie war mütterlich, fürsorglich und bereit, Tag und Nacht zu schuften. Mit anderen Worten: Sie war das genaue Gegenteil von Doris. Wir bekamen von Christels warmherziger Fürsorge nicht allzu viel mit. Mein Bruder würde sagen, wir blieben davon verschont. Ich würde sagen, ich wollte keine neue Mutter.

Ohne Eltern gerieten mein Bruder und ich in eine Art Pippi-Langstrumpf-Modus. Zwar war unser Vater tagsüber in seinem Geschäft und konnte sich und anderen dadurch einreden, für seine Söhne da zu sein. Tatsächlich begann das Leben für uns aber erst nach 20 Uhr, wenn der Laden zu war und er vom Hof fuhr, um die Abende mit seiner neuen Familie zu verbringen. Wir brachten dann unseren Nachschlüssel zur Kneipe zum Einsatz und hatten damit Zutritt zu dem unerschöpflichen Getränkelager des Betriebes.

Mein Bruder und ich lebten ab unserem 13. und 14. Lebensjahr allein. Wir hatten immer einen vollen Kühlschrank, Zugriff auf jede Art von Alkohol und eine sturmfreie Bude. Kurz, wir waren die kleinen Könige des Stadtteils. Klingt nach einer traumhaften Jugend. Es kommt noch besser. Das schlechte Gewissen unseres Vaters ließ ihn großzügig den Geldbeutel zücken. Ein paar Jahre später fuhr ich eine silberne Hercules Ultra LC, und mein Bruder kaufte für seine neu gegründete Rockband mannshohe Marshall-Türme. Thomas gab den Rockstar, und ich wurde Popper, New Romantic und mit 15 professioneller Discorumsteher. Wir haben es richtig krachen lassen.

Doch unsere beginnende Wohlstandsverwahrlosung hatte auch ihre Schattenseiten. Natürlich waren wir schrecklich einsam. Mein Bruder wurde immer aggressiver, und wenn ihm jemand krummkam, gab es sofort eine aufs Maul. Bei mir setzten Panikattacken ein, und eine dumpfe Schwere hatte sich auf mein jugendliches Gemüt gelegt. Ich versuchte, meine Trauer und meinen Schmerz loszuwerden, indem ich Teil einer Jugendbewegung wurde, die Maßstäbe setzte, was das sinnlose zweckfreie Partymachen anging.

Unsere Eltern hatten versucht, die Traumata ihrer Kriegskindheit mit Arbeit zu betäuben. Als Kriegsenkel[21] und erste Scheidungskindergeneration entdeckten wir endloses Partymachen als

Mittel gegen die Leere und den unerklärlichen Schmerz in uns. Den meisten Babyboomern ist nicht bewusst, dass die unverarbeiteten Traumata ihrer Eltern und Großeltern in ihnen seelische Verwüstungen angerichtet haben. Und wenn man dann noch die Schäden durch Egoismus, Scheidung und Wohlstandsverwahrlosung in die Rechnung aufnimmt, dann muss man sich nicht wundern, dass unterm Strich eine sehr reiche Gesellschaft dabei herauskommt, in der die Menschen immer unglücklicher und seelisch verarmter werden.

Geschieden wurden unsere Eltern noch nach einem Scheidungsrecht, das zunächst die Schuldfrage geklärt wissen wollte. Unsere Mutter nahm die Schuld auf sich, und unser Vater verzichtete auf Unterhalt für uns. Da wurde reiner Tisch gemacht. Unsere Mutter wollte frei sein und zog in die bei der Scheidung von einem gewieften Anwalt für sie ausgehandelte Eigentumswohnung. Als sie ging, war es Sommer 1975, und sie war 32 Jahre alt.

Unsere Mutter lebte nach ihrem Auszug aus der Metzgerei zwar nur zehn Kilometer von uns entfernt, war aber längst Lichtjahre weit weg.

Ganz in der Nähe von ihrem neuen Zuhause ging mein Bruder mit 14 in einer Landmetzgerei in die Lehre. Da standen jeden Montagmorgen 20 Schweine und drei Rinder vor der Tür und wurden direkt in die Wurstküche der Metzgerei getrieben, geschlachtet, verwurstet und verkauft. Um sieben Uhr dampfte der schlachtwarme Presskopf im Kessel, und die Leute standen in einer Traube vor dem Eingang. Was auf den ersten Blick aussah wie eine Demo gegen den Tiermord in der Nachbarschaft, entpuppte sich bei genauerem Hinsehen als eine Schlange begeisterter Frühaufsteher, die sich die Leckerbissen nicht entgehen lassen wollten.

Zum 50. Jubiläum der Firma Haxen-Reichert im Jahre 1985 wurde ein großes Fest gefeiert. Mitarbeiter, Lieferanten und Kunden lagen sich selig in den Armen und lauschten der Firmenchronik, die Willi bei einem Heimatdichter in Auftrag gegeben hatte. »Herz« reimte sich auf »Schmerz«, »Wurst« auf »Durst« und »Sohn« auf »Thron«. Mit breiter Brust verkündete der Chef, dass die Firmendynastie auch in der Zukunft Bestand haben würde, weil mit Thomas ein Nachfolger in den Startlöchern stand. Dass sein Lebenswerk weitergeführt werden würde, war für unseren Vater das schönste Geschenk seines Lebens. Er war so stolz!

Willi redete sich in eine rührselige Stimmung und stand zum Schluss in Tränen aufgelöst vor einem berührten Publikum. Tränen kannten wir sonst von unserem Vater nur vom 24. Dezember. Auch an Weihnachten wurde im Hause Reichert bis kurz vor der Bescherung geschuftet und dann völlig erschöpft der Baum angesungen.

Wurde Willi erst mit 35 Jahren Chef der Firma, so forderte mein Bruder diese Position direkt nach Ende seiner Lehrzeit. Thomas legte mit 18 die Prüfung zum Metzgermeister ab. Mein Bruder war immer schon ein Alpha, und ich war ein kleiner Beta, ein spilleriger Lauch, nur gab es diesen Begriff für Jungs ohne Mumm und Muskeln noch nicht. Als Oberschüler flog ich deutlich unter dem Radar unseres Vaters. Mein Bruder und Willi standen sich dagegen ständig gegenseitig im Weg. Die beiden nervten sich bis aufs Blut. Natürlich wusste Thomas genau, an welchen Schrauben er drehen musste, um unseren Vater auf die Palme zu bringen, und er hatte dadurch gute Karten im Generationenkampf. Es reicht ein Beispiel, um klarzumachen, dass wir hier nicht über Kuschelkonversationen reden. Diesen Beruf kann man nur ausüben, wenn man vor einer gewissen Härte nicht zurückschreckt.

Es war kurz nach der Lehre meines Bruders, Thomas hatte gerade seinen Platz als erster Geselle in der heimischen Wurstküche übernommen, als unser Vater auf dem Nachttisch des Kronprinzen eine Broschüre mit dem Titel »Sündiges Fleisch« entdeckte. Da war der Teufel in Willi Reicherts Haxenhimmel los. Den Titel hätte man missverstehen können, Youporn war noch nicht erfunden und Pornografie nur in Bahnhofskinos oder in Form schmuddeliger Heftchen zu haben. Aber mein Vater verstand sofort: Mein Bruder beschäftigte sich keineswegs mit ausgefallenen Sexpraktiken. Nein, es war alles viel schlimmer. Er beschäftigte sich mit Tierschutz!

Metzger standen schon damals bei den Tierschützern ganz oben auf der Liste der Fürsten der Finsternis. Für meinen Vater waren das zottelige Zausel und strickende Ökolieseln, grüne Spinner, hinter denen faule Kommunisten steckten, die ihm seine Goldader zum Versiegen bringen wollten.

Als mein Bruder dann auch noch verkündete, von nun an Vegetarier sein zu wollen, brach für Willi Haxen-Reichert die Welt zusammen. Dabei war Thomas damals weder groß an Tierschutz interessiert noch beschäftigten ihn moralische Fragen, was den Umgang mit Kühen und Schweinen anging. Er wusste einfach, dass er mit dem sündigen Fleisch bei Willi zielsicher den wunden Punkt traf. Jemand, der mit Haut und Haaren Metzger war und diesen Beruf liebte, musste es damals zutiefst verletzen, dass der eigene Sohn, Thronfolger und angehender Metzgermeister, so aus der Art schlägt.

Als Thomas und Willi damals richtig Zoff hatten, saß ich nur still in der Ecke und hoffte für einen kurzen Moment in der Erbfolge an die erste Stelle zu rücken. Da ich keine Ahnung hatte, was aus mir werden sollte, wäre die Metzgerkarriere damals vielleicht eine Option gewesen. Aber auf die Idee, mir den Laden anzuvertrauen, kam Willi nicht einmal eine Sekunde. Wahrscheinlich dachte er: Was wäre schlimmer als ein Vegetarier, den man zur Not in der Wurstküche verstecken kann? Ein dünner Bücherwurm hinter meiner Fleischtheke!

Thomas verzog sich nach dem Krach nach Rumänien, wurde dort Reiseleiter und bewies, dass man als Metzger durchaus auch im Kommunismus und der Tourismusbranche Karriere machen konnte. Die Securitate-Kader und die Billigtouris kamen dank seiner Vermittlung bestens miteinander aus. In einem kleinen Beachklub am Schwarzen Meer war für kurze Zeit die Welt hinter dem Eisernen Vorhang in Ordnung.

Schweren Herzens und mit schwangerer Freundin wechselte Thomas dann nach zwei Jahren vom Strand zurück hinter die Fleischtheke und übernahm die ihm zugedachte Rolle als neuer Chef der Haxen-Reichert-Dynastie. Die Metzgerei florierte, mein Bruder schaffte rund um die Uhr, baute einen Catering-Service auf, wurde Innungspräsident und Vizepräsident der IHK. Und unser Vater Willi saß die ihm noch vergönnten Jahre an der Theke vor der Vesperstube und tat so, als hätte er die Zügel in der Hand.

Mein Vater und ich konnten uns nicht auseinanderleben, da wir nie richtig zusammengefunden hatten. Mein Bruder übernahm Schritt für Schritt den Laden, und ich konnte planlos, ziellos und völlig leidenschaftslos vor mich hin studieren. Ich hatte mich für Publizistik eingeschrieben, ein langweiliges Laberfach, in dem die teilweise doch weitgehend talentfreien Kinder von Chefredakteuren, Verlagsmanagern und PR-Agenturbesitzerinnen an der Uni die Zeit absaßen, bis ihre Eltern ihnen die Tür zu einem der damals boomenden Medienhäuser öffneten. Ich schlüpfte ohne jede Vorstellung, was mich in den Medien erwarten würde, einfach mit durch eine dieser Türen und saß schon bald am Mikrofon eines Radiosenders und ergatterte gleichzeitig einen gut bezahlten Job als Freelancer in einer Werbeagentur. Ich wusste, wie die Welt von hinter der Fleischtheke aussah und wie hart die Leute da arbeiten mussten, um am Ende des Monats ein paar Kröten nach Hause zu tragen. Gemessen am Einkommen einer Fleischereifachverkäuferin oder eines Metzgergesellen, wurde ich über Nacht zum Spitzenverdiener. Und das für eine Arbeit, die verglichen mit dem, was Handwerker schuften, eher an ein lustiges Wochenende im Landschulheim erinnerte.

»Dafür bekommst du Geld?«, fragte mich mein Vater, als er mich mal im Studio besuchte. Sein Erstaunen galt nicht meinen Fähigkeiten als Moderator, er wunderte sich, wie jemand mir für etwas, das aus seiner Sicht so gar nicht nach Arbeit aussah, Geld bezahlte. Der Metzgermeister unterschätzte die Summen, die ich damals nebenbei – offiziell war ich ja immer noch Student – verdiente, und zahlte mir brav weiter üppigen Unterhalt. Ich war Anfang 20, mein Konto war voll, meine Akne klang langsam ab, und dann war da auf einmal der Erfolg, was allein damit zu tun hatte, dass mein Blick auf die Welt ein anderer war als der meiner Kolleginnen und Kollegen im Sender und in den Agenturen. Ich war mutig, weil ich meinen Vater nicht enttäuschen konnte, dazu interessierte er sich zu wenig für das, was ich tat. In der Agenturszene hatte ich *Streetcredibility*, weil ich nicht aus einem Elternhaus kam, in dem der Vater Professor für visuelles Design und die Mutter Herausgeberin einer Zeitschrift für Wohnkultur war. Als Metzgerkind haftete mir ein bisschen der Geruch der Gosse an, was natürlich Blödsinn war. Finanziell spielte mein Vater damals längst in einer Liga, in der er locker mit Professoren und Herausgeberinnen mithalten konnte.

Mein Vater beobachtete aus der Distanz, was ich so trieb, und solange er den Eindruck hatte, dass ich nicht unter die Räder kam, ließ er mich machen. Jahre später ist mir klar geworden, dass er einfach davon ausgegangen ist, dass ich es schon irgendwie hinbekommen würde. Er hat mir vertraut und mir alle Freiheiten gelassen. Was ich lange Jahre als Desinteresse empfunden habe, war einfach nur ein Fremdeln mit einer für ihn völlig durchgeknallten Welt.

Einmal sind unsere Welten heftig aufeinandergeprallt. Ein denkwürdiges Ereignis, das keiner, der dabei war, jemals vergessen wird. Mein Freund Markus Reiser, der damals Chef der Agentur GGK war, hatte den Etat des Spirituosenherstellers *Jägermeister* an Land gezogen. Nach dem Erfolg der Printkampagne *Ich trinke Jägermeister, weil …* wartete die Branche jetzt mit großer Spannung auf die neue Kampagne, die mit ganzseitigen Anzeigen in der »Bild«-Zeitung Millionen kosten würde.

Die Idee, die in der Agentur ausgebrütet wurde, war super, und sie war teuer, sehr teuer. Wochenlang erschienen jeden Freitag riesige Anzeigen, in denen *der Jägermeister der Woche* verliehen wurde. Markus machte aus der grünen Flasche mit dem Hirschen eine Trophäe, die mit einem Augenzwinkern wöchentlich an verdiente Größen aus Politik, Showgeschäft und Sport verliehen wurde. Günter Mast, der legendäre Geschäftsführer der Wolfenbütteler Schnapsfabrik, war so begeistert, dass er noch ein paar Millionen mehr lockermachte, um auch im TV den *Jägermeister der Woche* verleihen zu lassen. Und hier kam mein Vater ins Spiel. Als Präsident des Metzgerkegelklubs *Wutz geh ran* war er prädestiniert, im Namen von Herrn Mast die Auszeichnung vorzunehmen, denn das war die Krönung dieser Schnapsidee, *Der Jägermeister der Woche* sollte im TV von Vertretern der Zielgruppe selbst überreicht werden. Günter Mast, der mit seinem fleischigen Gesicht und den getönten Brillengläsern in dem Mafiaepos »Der Pate« eine Hauptrolle hätte übernehmen können und gut auch hinter die Theke einer Metzgerei gepasst hätte, gab aus Wolfenbüttel das Go, und wir begannen mit den Dreharbeiten.

Die Gasse vor dem Eingang des Gasthauses *Zum Taunus* in Sossenheim musste gesperrt werden, da die Lkw mit dem Equipment und dem Stromaggregat für die Scheinwerfer die Fahrbahn blockierten. Der Aufwand für unseren Werbespot, der maximal eine Minute lang werden würde, war gigantisch. In Sossenheim machte das Gerücht die Runde, Frau Noss, die Wirtin der Kneipe, würde im neuen James-Bond-Film als Agentin der Russen auftreten. Markus hatte entschieden, dass der Spot am Originalschauplatz gedreht werden sollte. Jeden Mittwoch trafen sich die Metzger aus dem Frankfurter Westen auf der Kegelbahn im Taunus. Da wurde über Fleischpreise debattiert, der neueste Klatsch aus den Wurstküchen ausgetauscht, es wurde über die härter werdende Konkurrenz durch die Supermärkte geklagt, und es wurde eine tiefe Verbundenheit gepflegt, wie sie nur unter Menschen wachsen kann, die das gleiche Schicksal teilen. Natürlich wurde auch gekegelt, und es wurde jede Menge gebechert.

An diesem Mittwoch war alles anders. Die abgeranzte Kegelbahn wurde in ein unüberschaubares Filmset verwandelt, auf dem ein Geschwader Regieassistenten, Ausstatter, Beleuchter, Maskenbildner, Toningenieure, Werbetexterinnen und Artdirektorinnen durcheinanderwuselten, über Kabel stolperten und Hektik verbreiteten. Markus, ich und der Regisseur hatten uns zur Krisensitzung in eine Ecke zurückgezogen. Unser Hauptdarsteller schwächelte. Meinem Vater, der sich sonst sehr gerne reden hörte, wuchs an diesem Abend auf der Kegelbahn die Situation über den Kopf. Es waren einfach zu viele Scheinwerfer, zu viele Leute und zu viele Worte, die er in die Kamera sprechen sollte. Er saß da leichenblass, schwer schwitzend und völlig eingeschüchtert mit hängenden Schultern auf einem Stuhl und starrte reglos in ein riesiges Objektiv. Ich versuchte ihn aufzumuntern: *»Hey, das ist keine Hinrichtung, du wirst nur gefilmt.«* Er rang sich ein Lächeln ab und flüsterte: *»Nie mehr … nie mehr mach ich des!«*

»ACHTUNG!«, röhrte einer der Regieassistenten, und sofort wurde es mucksmäuschenstill auf der Kegelbahn. Die Kegelbrüder standen im Halbkreis um ihren Präsidenten herum und warteten auf Anweisung.

Der Kameramann nuschelte: *»Kamra läuft.«*

»Und bitte…«, sagte der Regisseur mit gespielter Freundlichkeit, um meinen armen Vater nicht weiter unter Druck zu setzen.

Der Haxen-Reichert schaute mit leerem Blick, aus halb geöffnetem Mund schwer atmend in die Richtung, aus der die Anweisungen kamen. Er kniff die Augen zusammen, da er geblendet vom gleißenden Licht der Schweinwerfer niemanden erkennen konnte.

»Sie müssen jetzt reden«, befahl eine Stimme, und mein Vater zuckte zusammen.

»Der Jägermeister … der Woche … ähm … geht an den … ähm … Finanzminister … Prost!« Willi Reichert und seine Metzgerkollegen kippten sich den Kräuterlikör auf Ex hinter die Binde und riefen aus vollem Hals: *»Ein dreifaches gut Holz, gut Holz, gut Holz!«*

Wie der Superstar einer Hollywoodproduktion hatte Willi einfach mal über die Hälfte seines Textes weggelassen. Bei ihm war das keine Arroganz. Er hatte einfach die Hosen voll.

Schon nach dem ersten Take war allen im Raum klar, dass mein Vater es nicht hinbekommen würde. Die ganze Situation erinnerte an den Loriot-Sketch »Der Lottogewinner«, der damit endet, dass Erwin Lindemann erzählt, dass der Papst mit seiner Tochter eine Herrenboutique in Wuppertal eröffnet.

Das Ende auf der Kegelbahn war noch viel grausamer. Nach dem 20. Take waren die Kegelbrüder so sturzbetrunken, dass keiner mehr stehen konnte. Mein Vater fing an, beschwingt durch den Alkohol, zu improvisieren.

»Der Jägermeischter der Wooooche get … ande Franzmister … Broooost! Guuud'olz, Guuud'olz, Guuud'olz!«, lallten die schwankenden Metzgermeister durcheinander und hatten mittlerweile richtig Spaß.

Mithilfe eines brillanten Cutters und einigen Sperenzien aus der Trickfilmkiste retteten wir den Werbeclip in der Postproduktion und trieben die Kosten noch weiter in die Höhe.

Als wir den fertigen Film den Kolleginnen und Kollegen in der Agentur vorführten, brach Euphorie aus. Wir hatten ein echtes Meisterwerk zustande gebracht, das bei den Werbefilmfestspielen in Cannes bestimmt einen Goldenen Löwen abräumen würde. So weit kam es dann aber leider nicht.

Herr Mast hat unseren Film schnöde abgeschossen. Er wurde nie gesendet.

Noch viele Jahre nach dem legendären Dreh hat mein Vater gerne Freunden und Verwandten einen Werbeblock aus dem RTL-Programm von einer VHS-Kassette vorgespielt, in dem der Spot mit ihm und seinen Kegelbrüdern eingebaut war. Markus Reiser und ich haben es damals einfach nichts übers Herz gebracht, meinem Vater nach seiner oscarreifen Leistung die schlechte Nachricht zu überbringen, dass der olle Mast unsere Produktion richtig scheiße fand.

5

SAG MIR, WO DIE METZGER SIND

Wo sind sie geblieben?

Willi lag regungslos auf dem Boden seines Badezimmers und schien ungläubig zur Decke zu starren. Für einen Toten sah sein Gesicht sehr lebendig aus. Über seinem Kopf schwebte der Einkaufskorb des Rollators, in den er sich einen Schlummertrunk gepackt hatte. Eine halbe Flasche Bocksbeutel und ein Piccolo Mumm. Für die Nacht sollte das reichen. Willi Reichert war berühmt für seinen großen Durst. An der Theke seiner Wirtschaft, die zur Metzgerei gehörte, war er nicht selten sein bester Gast gewesen. Die Saufkumpane freuten sich täglich auf das Ende seines Rundgangs durch den Betrieb, wenn er am späten Nachmittag, in den letzten Jahren an seinen Krücken humpelnd, in die Gaststube kam, sich stöhnend auf einem Barhocker niederließ und eine Runde für die Thekengesellschaft schmiss. Unser Vater war auf seine alten Tage ein Säufer geworden. Keiner von der unangenehmen Sorte, die am Büdchen steht und nachts krakeelend nach Hause wankt. Er saß gerne in gemütlicher Runde,

Schulter an Schulter am Tresen, und beobachtete die Schaumkrone, die Wolke für Wolke an seiner Pilstulpe nach unten kroch.

»Machste uns noch 'ne Runde, Biene?«

»Gärn, Scheff«, hauchte das dicke Bienchen hinter den Zapfhähnen hervor und schenkte dem Seniorchef ein bezauberndes Lächeln. Dann füllte sie die Schnapsgläser, die vor den Gästen standen, noch einmal mit Obstler auf.

»Jawoll, Willi, auf einem Bein kann man nicht stehen«, murmelte einer der Kneipenbewohner, die den Schankraum der Haxen-Reichert-Vesperstube als ihr Wohnzimmer betrachteten. Die unfreiwillige Komik, die sich in diesem Satz versteckte, bemerkte keiner der Thekenhocker.

Mein Vater war damals, kurz nach der Pensionierung, schon schwer gehbehindert, da der Alkohol seine Nervenenden zerfressen hatte. Dass er die letzten 30 Jahre jeden Abend mit einem ordentlichen Pegel in seinem Mercedes G-Klasse nach Hause fuhr, war ein offenes Geheimnis. Es muss von den Polizisten des 17. Polizeireviers, die alle gerne bei ihm ihre Frühstücksfrikadellen einkauften, ignoriert worden sein.

Als die Spätfolgen seines Alkoholismus ihn zu einem Fall für den Neurologen machten, mit Lähmungen und Gefühllosigkeit in den Füßen, bediente er das Gas- und Bremspedal seines Mercedes mit der Krücke.

Die Augen unseres Vaters waren weit geöffnet, sein starres Gesicht wirkte irgendwie ratlos. Sollte ihm das wirklich passiert sein? Er hatte den Gedanken an das eigene Ende immer erfolgreich verdrängt. Und jetzt: Überraschung! Der Tod hatte ihn geholt. Willi war stets sehr gut darin gewesen, Probleme und Schwierigkeiten einfach zu ignorieren. Augen zu und durch! Seine Depressionen behandelte er mit Doppelkorn, seinen körperlichen Verfall dichtete er in eine Grippe um, und seine tauben, gefühllosen Füße waren für ihn die Folge einer alten Fußballverletzung. Der Versuch, dem Tod keine Beachtung zu schenken, war letzte Nacht im Badezimmer schiefgegangen. Dass er kommen würde, war uns allen seit Wochen klar. Nur Willi hatte ihn nicht kommen sehen, weil er einfach nicht hingeschaut hatte. Ich musste an mein schönstes Papaerlebnis denken, die Überfahrt nach Helgoland. Und dann kam die Trauer darüber, die Reise nie noch einmal wiederholt zu haben.

Man trauert nicht nur über den Verlust eines Menschen, man trauert auch immer über die ungenutzten Chancen, die unausgesprochenen Sätze und die nicht gemachten Reisen. Man betrauert, was man nicht getan oder gesagt hat. Zu spät.

Bei meinem letzten Besuch saß mein Vater in einem Meter Abstand vor dem Fernseher und starrte auf Petra Gerster, die in HD-Schärfe eine *heute*-Sendung moderierte. Er tat mir unendlich leid, und ich hätte ihn gerne in den Arm genommen und beschützt. Nur wovor? Mein Vater war mir in diesem Moment sehr nah und sehr fremd zugleich. Ich legte meine Hand auf seine Schulter: »Willi …« Ich wollte ihm etwas sagen, endlich ein Vater-Sohn-Gespräch führen, wenigstens einmal im Leben. Da war aber nur eine unendlich traurige Leere. Mein Vater drehte seinen Kopf zu mir, Tränen liefen über seine Wangen: »Die Petra war mit uns auf Fuerte, die war im gleische Hotel damals. Jeedes Mal, wenn se misch geseehe hat, hat se gerufe: Un Willi, wie geht's?« Mein Vater schluchzte herzerweichend. Die Beachtung, die ihm die prominente Fernsehfrau geschenkt hatte, trieb ihm das Wasser in die Augen. Ich hatte meinen Vater verloren. An Petra Gerster.

Jetzt, wo unser Vater tot vor mir auf dem weichen Webteppich zwischen Klo und Waschbecken lag, weinte ich um ihn und nicht die Petra. Jetzt hatte ich ihn ganz für mich.

Kurz überlegte ich, einen Pfarrer zu rufen. Aber mein Bruder bestimmte, dass ein Arzt zunächst die bessere Wahl wäre. Sollte irgendwo noch ein Funken Leben in unserem Vater stecken, würde ein Arzt mehr ausrichten können als ein Seelsorger. Uns beiden war aber eigentlich klar, dass weder der eine noch der andere Willi noch würde helfen können.

Mein Vater sah im Tode zwar überrascht, aber nicht unglücklich aus. Ich war froh, dass er seinen letzten Atemzug in seinen eigenen vier Wänden getan hatte.

Die Leichenschau erledigte eine Ärztin, die auf mich nicht den Eindruck machte, dass diese Art Untersuchung für sie Routine war. Sie betrat das Badezimmer, starrte entsetzt auf den am Boden liegenden halb nackten Mann und sagte mit undefinierbar osteuropäischem Akzent: »Äer is todd.«

Nun muss man keine 20 Semester Medizin studiert haben, um zu dieser Erkenntnis zu kommen. Die Frau war hoffnungslos überfordert, schwitzte enorm und traute sich nicht, den Toten anzufassen. Sie erklärte uns, dass in Rumänien in der Regel ohne Leichenschau bestattet wurde und man schon mit einem Messer im Rücken oder einer Kugel im Kopf gefunden werden musste, bevor jemand auf die Idee kam, da könnte jemand nachgeholfen haben.

Sie blinzelte hektisch, zückte das gelbe Totenscheinformular aus ihrem Arztkoffer und kreuzte darauf ein Kästchen an, hinter dem der Satz stand: Todesursache nicht feststellbar!

Zwei gekreuzte Striche auf dem Papier, mit denen sie 51 Euro einsteckte. Für Frau Doktor war der Fall damit erledigt.

Mein Vater war sein ganzes Leben lang ein ehrbarer Mann. Er hatte nie Probleme mit Behörden – mal abgesehen von der Steuerfahndung, aber auch die kam damals ohne die Polizei im Schlepptau. Wenn die Leichenbeschauerin ihr Kreuzchen allerdings da macht, wo unsere Ärztin es getan hatte, dann verwandelt sich der Fundort eines Toten automatisch in einen Tatort. 20 Minuten später standen wir mit zwei Kripobeamten im Badezimmer meines Vaters. Dass die Polizei wegen nicht feststellbarer Todesursache anrückt, ist sehr selten. Wir hatten also im Totenscheinlotto das große Los gezogen.

»Er ist tot!«, bestätigte Kommissar Crockett die Diagnose der angeschlagenen Ärztin.

Tubbs nickte: »Maximal fünf Stunden.«

Die Kommissare waren zwar nicht so gut angezogen wie ihre Vorbilder aus *Miami Vice*, aber der Coolnessfaktor stimmte.[22]

»Wo waren Sie heute Nacht?«

Ich konnte meinem Bruder ansehen, dass er kurz davor war, wie das HB-Männchen[23] in die Luft zu gehen. Unser Vater war gestorben, wir versuchten durch blöde Witze, diese grauenhafte Situation irgendwie zu überstehen. Wir erlebten einen der traurigsten Momente unseres Lebens. Vor uns lag der tote Willi, und die beiden Kommissare verdächtigten uns … Ja, was war eigentlich ihr Verdacht? Ich erwartete, dass jeden Moment Männer in weißen Schutzanzügen Absperrbänder durch die Wohnung meines Vaters zogen. Aber die Spurensicherung wurde nicht gerufen. Dafür ordneten die Kommissare an, dass Willi zur Obduktion musste, die aber erst am Montag durchgeführt werden konnte. Willi war Freitagnacht gestorben. Er würde den Rest des Samstags und den Sonntag in der Gerichtsmedizin verbringen müssen.

Crockett und Tubbs ließen schwarze Gummihandschuhe schnalzen, und Tubbs schoss mit seinem iPhone ein paar Bilder vom Tatort. Ohne einen einzigen rücksichtsvollen Gedanken an uns zu verschwenden, forderte uns Crockett auf, den Toten an den Füßen zu packen, um ihn gemeinsam in die Diele zu tragen. Der Bestatter, der von der Polizei alarmiert worden war, breitete einen grauen Plastiksack auf dem Boden aus, auf den wir Willi betteten.

Der Reißverschluss des Leichensacks wurde zugezogen, und das Gesicht unseres Vaters verschwand hinter grau glänzendem Plastik. Mein Bruder und ich schauten uns entsetzt an. Unser Vater war tatsächlich tot. Wir würden ihn nie wiedersehen.

Nachdem mein Vater abtransportiert worden war, wurde es still in der Wohnung. Ich bin mir nicht sicher, ob mein Bruder sich damals auch so verlassen gefühlt hat wie ich. Jedenfalls verband uns das Gefühl, dass unser Vater uns von den Behörden gestohlen wurde. Deshalb haben wir uns gleich am Montag ans Telefon gehängt und mit der Staatsanwaltschaft Kontakt aufgenommen. Wir wissen bis heute nicht, wie die Entscheidung zustande kam, auf jeden Fall wurde angeordnet, dass unser Vater nicht obduziert wurde, wir ihn also am Stück zurückbekommen könnten, wenn wir ihn denn zurückhaben wollten. Die meisten Hinterbliebenen folgen an diesem Punkt dem Rat der Bestatter und lassen den Toten direkt in die Leichenhalle des Friedhofs bringen. Hier passiert dann hinter den Kulissen mit dem Leichnam all das, wovon die Gesellschaft nichts mehr wissen will. Der Tote wird gewaschen, angezogen und in den Sarg gelegt. Oft kommt dann gleich der Deckel drauf, weil viele Bestatter den Rat erteilen, den Toten so in Erinnerung zu behalten, wie er war. In unserem Fall ein schlechter Rat, denn das letzte Bild, das ich von meinem Vater im Kopf hatte, war, wie der Reißverschluss des Plastiksacks sich über seinem Kopf schließt.

Dem Beerdigungsunternehmer, den die Polizisten verständigt hatten, klappte die Kinnlade runter, als mein Bruder und ich anordneten, dass Willi wieder nach Hause gebracht werden soll. Da der Mann sich weigerte, suchten wir uns einen neuen Bestatter. Gut, wenn man Freunde hat, noch besser, wenn darunter ein Bestatter ist.

Ich rief David Roth an. Sich um Tote zu kümmern ist auch sein Geschäft. Aber er betreibt es so, als würde jeder Tote zu seiner Familie gehören. Er zögerte keine Sekunde, mir und meinem Bruder unseren Wunsch zu erfüllen. Drei Stunden später stand David mit Willi – er lag mittlerweile in einem schlichten, aber schönen Eichensarg – in der Haustür.

Wir stellten den Sarg ins Wohnzimmer und öffneten den Deckel. Dann befreiten wir Willi aus dem schmucklosen Plastiksack. Davids Hingabe, Gewissenhaftigkeit und auch der Respekt, mit dem er den toten Körper behandelte, gehört zu den berührenden Erfahrungen meiner Trauer. Es tat gut zu sehen, dass mein Vater sich in guten Händen befand.

»Was sollen wir ihm anziehen?«, fragte David ruhig, ohne Hast, mit einer Gelassenheit, als wäre das die normalste Frage der Welt.

»Auf keinen Fall so ein weißes Totenhemdchen!«

»Gut, dann lass uns mal in den Kleiderschrank schauen«, schlug er vor.

Mein Vater hat die meiste Zeit seines Lebens in Arbeitsklamotten verbracht: weißer Kittel, gestreiftes Metzgerhemd, grobe Arbeitshose und Gummistiefel.

»Wie hat dein Vater sich wohlgefühlt?«

Dunkle Jacketts waren nicht sein Ding. Am liebsten hat er seinen beigen ledernen Trachtenanzug getragen. Mit dem war er immer auf dem Oktoberfest in München.

»Bekommen wir ihn da rein?«, fragte ich David und deutete auf das gute Stück ganz rechts auf dem Kleiderbügel.

Der Bestatter nickte: »Sieht bequem aus, den nehmen wir.«

Ich kann mich nicht erinnern, meinem Vater jemals in den Mantel geholfen, geschweige denn Unterwäsche, Hemd, Hose und Jacke angezogen zu haben. Ich war meinem toten Vater in diesem Moment näher, als ich ihm im Leben je gekommen bin.

Unsere Eltern waren mit ihren Kindern kein bisschen körperlich. Fast war es so, als würden sie unsere Nähe meiden. Auch kann ich mich nicht erinnern, dass sie sich gegenseitig umarmt haben. Ich kann mich erinnern, dass sie Sex hatten, weil ich mal aus Versehen sehr nahe dabei war. Zärtlichkeit aber gab es zwischen ihnen nicht, keinen Gutenachtkuss, keine liebevollen Blicke.

Meine Eltern hatten nie gelernt, wie man zärtlich zu Kindern ist, weil auch niemand zärtlich zu ihnen war. Dass mein Vater erst sterben musste, bevor ich mich traute, liebevoll zu sein, zerriss mir das Herz. David spürte, wie ich um Fassung rang und wie sehr ich gegen meine Tränen ankämpfte. Als Bestatter trifft man ja ständig Leute, denen es so geht.

»Wenn Weinen irgendwohin gehört, dann jetzt hier.«

Mir kullerten keine Tränen über die Wangen, sondern Sturzbäche. Es waren die Aufmerksamkeit und die Zuwendung, die David mir damals schenkte, die mich tief berührten. Fast war es so, als hätte ich die Erlaubnis gebraucht, endlich zu trauern. Dabei war mir dieses Gefühl merkwürdig vertraut. Aber erst damals wurde mir klar, dass Trauer schon immer, solange ich denken kann, mein treuer Begleiter war.

David, Thomas und ich betteten unseren Vater in den Sarg. Willi sah nicht nur aus, als würde er schlafen. Er sah aus, als würde er gut schlafen. Sein entspanntes Gesicht tat mir in meiner Trauer gut.

»Und jetzt?«, fragte ich David.

»Nix«, lautete die Antwort des Bestatters.

Es gab keinen Rat und keine Anweisung, die in diesem Moment hätte helfen können.

»Ich lade alle ein, sich von ihm zu verabschieden«, schlug ich vor. David nickte aufmunternd. Mein Vater blieb erst mal zu Hause. Sein Sarg stand mitten im Wohnzimmer, und mein Bruder und ich saßen stundenlang davor.

»War doch nicht so ’ne gute Idee. Kommt keiner.«

Thomas und ich warteten auf seine Freunde und die Verwandtschaft. Früher war es normal, sich von einem toten Freund persönlich zu verabschieden. Doch anscheinend hatten die Leute, auf die wir warteten, die Hosen voll.

Wir hockten im Wohnzimmer unseres Vaters, vor uns der offene Sarg mit Willi, die Jalousien waren halb heruntergelassen, eine Stehlampe mit cremigem Lampenschirm spendete Licht.

Unser Vater hatte seine Wohnung eingerichtet wie seinerzeit Herr Jahn seine *Wienerwald-Restaurants*: helles Holz, karierte Tischdecken und Vorhänge. In den Regalen Zinn und Steinkrüge, dunkles Parkett und ein paar Ölschinken an der Wand, die zechende Mönche, die Hafeneinfahrt von Venedig und ihn selbst zeigten. Das Einzige, was die barocke Gemütlichkeit störte, war der riesige Flachbildschirm und ein elektrisch verstellbarer Fernsehsessel mit eingebautem Rückenmassagemodul, das mein Bruder entspannt testete.

Ich öffnete eine Schublade der rustikalen Schrankwand. Fotos in Alben einkleben gehörte nicht zu den Hobbys unseres Vaters. In der Schublade lagen übereinandergestapelt Bilder von Willi hinter seinem Tresen, Willi beim Oktoberfest, Willi am Steuer seines Mercedes. Bilder von unserer Mutter Doris und uns als Familie fand ich keine.

Als Kinder hatten wir es geliebt, wenn Willi und Doris nicht da waren, in ihren Sachen zu stöbern, und dazu hatten wir ziemlich oft Gelegenheit. Damals hatten wir merkwürdige Pillen gefunden, Kaugummis, die nach nichts schmeckten, aussahen wie eine schmale Tüte und sich nicht zerkauen ließen, und eine Pistole, aus der, wenn man sie abdrückte, eine kleine Flamme züngelte.

»Willi hat doch noch den Safe, der früher in seinem Büro stand.«

Sekunden später standen wir vor dem alten Tresor, den mein Vater direkt am Kopfende seines Bettes hatte aufstellen lassen. Thomas fummelte am Zahlenschloss rum und probierte verschiedene Nummern aus.

»25-12-39.«

»Meinste?«

»Ganz sicher!«

Mein Vater gehörte zu den Menschen, die sich nur ein einziges Geburtsdatum merken konnten. Ihr eigenes.

»Klack« – und offen war der Safe.

Es war ein bisschen wie beim Öffnen einer Schatztruhe, der Bundeslade oder der Büchse der Pandora. Ganz langsam und behutsam, wie zwei Einbrecher, die kurz davor waren, Beute zu machen, zogen wir die schwere Stahltür auf.

»Nee jetzt, oder?«

Mein Bruder zog eine Art Herrenhandtasche hervor. Das Leder war speckig, man sah der Tasche an, dass sie oft benutzt worden war. Das Ding kam mir bekannt vor. Mein Vater hatte den Lederbeutel immer auf dem Beifahrersitz liegen, wenn wir zum Schlachthof fuhren. Thomas nahm den alten Bolzenschussapparat unseres Vaters aus der Ledertasche.

Ganz im hintersten Eck des Safes unseres Vaters fanden wir eine Plastiktüte. Was wir aus der Tüte fischten, verschlug uns zwar nicht den Atem, aber mein Bruder und ich machten große Augen. Im Nachlass Verstorbener begegnet einem immer die ein oder andere Überraschung. Und wieder flossen bei mir Tränen. Nur diesmal vor Lachen. Selten tat lachen so gut wie in diesem Moment tiefer Trauer und großer Bestürzung.

Unser Vater hatte ein Geheimnis, das er mit sehr vielen Männern in Deutschland teilte. Seine Leidenschaft galt doch nicht nur dem toten Fleisch von massigen Rindern und Schweinen. Auf den VHS-Kassetten stand: »Sauerei auf der Bounty«, »Frau Wirtin bläst auch ohne Tuba« und »Die dicke Herta«. Wir hatten die Pornosammlung unseres Vaters entdeckt. Es war kein Schock für uns, herauszufinden, dass unser Vater ein Sexleben hatte. Dass er aber eine Vorliebe für üppigere Frauen hatte, war uns so nicht klar. Wir hatten auch nie darüber nachgedacht.

»Kein Wunder, dass das mit Doris auf Dauer nicht gut gegangen ist.«

»Mama war zu dürr.«

»Mama.« Ich habe damals zum ersten Mal seit 30 Jahren wieder das Wort Mama in den Mund genommen. Nach der Scheidung unserer Eltern hatten Thomas und ich die Wörter Mama und Papa aus unserem Wortschatz gestrichen. Unsere Eltern waren von da an Willi und Doris für uns. Warum mir *Mama* ausgerechnet in dem Moment über die Lippen kam, in dem mein Vater tot im Zimmer nebenan lag und ich seine Pornosammlung gefunden hatte, darüber wollte ich nachdenken. Aber dazu blieb keine Zeit. Der Bayerische Defiliermarsch riss mich aus meinen Gedanken. Wenn an der Haustür der Klingelknopf gedrückt wurde, dann schallte im Flur diese Melodie über den Gang. Mein Vater war einfach ein großer Fan bajuwarischer Lebensart, obwohl er ja eigentlich Schwabe war. Schnell packten wir unsere Beute wieder in den Safe. Den Lederbeutel mit Schussapparat und die Videokassetten verstauten wir da, wo wir sie gefunden hatten. Ich fühlte mich ertappt, obwohl dazu gar kein Anlass bestand.

Vor der Tür stand das dicke Bienchen. Der Lidschatten unter ihren verquollenen Augen war verlaufen, und noch bevor ich etwas sagen konnte, fiel sie mir weinend in die Arme. Ich streichelte ihr über das stumpfe Haar, und sofort begann bei mir das Kopfkino. Das dicke Bienchen und der zarte Metzgermeister Willi. Ein lauter Schluchzer riss mich zurück ins Hier und Jetzt, bevor meine Fantasien mit mir durchgehen konnten.

»… so leid, so leid«, stammelte das Bienchen, »… er war sooo lieb …«

Der Tod bringt oft die Wahrheit ans Licht. Nicht viele Angestellte würden ihren Chef als lieb bezeichnen, es sei denn … Ich musste mich zusammenreißen …

Langsam schob ich das Bienchen Richtung Wohnzimmer. Ich hatte großen Respekt vor dieser mutigen Frau. Sie war die Einzige, die sich bisher getraut hatte, sich persönlich von Willi zu verabschieden.

»Er liegt da im Sarg«, bereitete ich sie auf den Anblick vor. »Der Sarg ist offen.«

»Ist okay für mich, meine Oma Marille war auch daheim. Ich hab zwei Tage bei ihr gesessen.«

Das dicke Bienchen schritt langsam auf meinen Vater zu. Sie gab keinen Laut von sich, trat nah an den Sarg, faltete die Hände und begann still zu beten. Den letzten Satz des Vaterunser murmelte das Bienchen dann halblaut in den Raum: »Denn dein ist das Reich und die Kraft und die Herrlichkeit in Ewigkeit.«

»Amen!«

Hatte ich da eben Amen gesagt? Der Tod änderte alles. Wer sich diesen Satz ausgedacht hatte, wusste, wovon er sprach. Das Amen kam von Herzen. Ich hatte es für das Bienchen ausgesprochen, das mich zu Tränen rührte, und für meinen Vater, der sein Leben lang passives Mitglied im Verein der Katholiken war.

Bienchen holte aus ihrer Handtasche einen rosafarbenen Umschlag heraus. Sie drückte einen dicken Kuss auf das Papier und steckte Willi den Brief in die Brusttasche seines Hemdes.

»Für unterwegs.«

Das dicke Bienchen musste die Fragezeichen über unseren Köpfen gesehen haben.

»Ein Abschiedsbrief! Hab ich meiner Oma auch mitgegeben.«

Dass wir Willi etwas mitgeben konnten, auf die Idee waren wir noch nicht gekommen. Grabbeigaben waren aus der Mode. Dabei hatten die Menschen seit der Steinzeit ihren Verstorbenen Dinge in die Gräber gelegt. Man musste es jetzt nicht gleich übertreiben wie die Pharaonen, aber ein kleines Abschiedsgeschenk oder ein Brief konnten eine liebevolle Geste sein.

»Willi war euer Vater. Aber ein bisschen auch meiner. Er war immer lieb zu mir, und er hat nie blöde Sprüche gemacht und mich angetatscht wie die Deppen an der Theke. Ich glaube, er hätte gerne eine Tochter gehabt. Euch beide und eine Tochter.«

Wenn meine Tränentanks in diesem Moment nicht leer gewesen wären, ich hätte wieder losgeflennt. Vor Glück, vor Scham, vor Trauer, auch darüber, wie wenig ich über meinen Vater wusste. Das dicke Bienchen umarmte meinen Bruder und mich herzlich, beugte sich über meinen Vater und küsste ihn zärtlich auf die Stirn.

»Ich muss in die Firma, die Gäste warten.«

Mein Vater wäre sehr stolz auf die Biene gewesen, und wir waren es auch.

»Was gibst du ihm mit?«, wollte mein Bruder wissen, als hätten wir die ganze Zeit über nichts anderes nachgedacht.

Mein Vater hatte mit meinen Geschenken nie viel anfangen können. Die Biografie von Franz Josef Strauß stand ungelesen im Regal, und Socken und Krawatten fand ich als Grabbeigabe eher unpassend. Es gab nur ein Geschenk von mir, über das mein Vater sich aufrichtig gefreut hatte. Und ich wusste, wo es zu finden war. In der Nische über der Eckbank hing er: der Flaschenöffner mit dem Rehfuß. Ich hatte das Teil aus einem Skiurlaub in St. Anton mitgebracht. Er hatte diesen Flaschenöffner geliebt und ständig benutzt.

»Und du?«, fragte ich meinen Bruder herausfordernd.

Zwischen uns war zum ersten Mal, seit unser Vater tot war, die alte brüderliche Konkurrenz zu spüren, die Geschwister manchmal ein Leben lang pflegen. Den Blick kannte ich gut. Es war der Großer-Bruder-macht-dich-fertig!-Blick, den er immer dann aufsetzte, wenn er meinte, Überlegenheit demonstrieren zu müssen. Seine Augen und sein Mund wurden zu Schlitzen, er atmete einmal kurz ein und zog dabei blitzschnell die Nase hoch. Und dann kam es zu dem verhängnisvollen Ereignis, das mich an die Schlachtbank führen würde. Zwei Minuten später schob mein Bruder unserem Vater seinen Bolzenschussapparat unter die kalten Hände.

Ich hatte kein gutes Gefühl dabei, dass mein Vater mit seinem Mordinstrument an die Himmelstür klopfen sollte.

»Nein … auf keinen Fall!«

»Und wenn Willi im Jenseits die Schweine wiedertrifft, die er verwurstet hat?«

»Vergiss es!«

»Aber dein scheiß Flaschenöffner. Ist das eine gute Idee?! Einem Alkoholiker so ein Ding mitzugeben?!«

»Er ist tot!«

»Ja, und was denken die Leute, die sich von ihm verabschieden?«

»Da kommt keiner mehr!«

»Die kommen!«

»Und was sollen die Leute denken, wenn da ein Bolzenschussapparat in seinem Sarg liegt?«

Mein Bruder dachte nach. Er war ein lokaler Promi und musste an sein Saubermann-Image denken. Ich wusste, dass er einknicken würde, und ich wusste, dass er darüber gar nicht glücklich sein würde.

»Okay, wir behalten ihn.«

Mein Bruder fischte den Schussapparat aus dem Sarg und hielt ihn mir vor die Nase.

»Unter einer Bedingung.«

»Okay?«

»Du musst ihn benutzen und ein Schwein damit töten. Du musst zeigen, dass du ein Haxen-Reichert bist und keine kleine Medienmuschi!«

Mir war klar, dass er sauer werden würde. Aber so sauer?!

Mein Bruder trat heftig auf das Pathospedal. Da brach etwas auf, das seit unserer Jugend in ihm brodelte. Er war mit 14 in die Fußstapfen unseres Vaters getreten, und ich hatte mich aus seiner Sicht verdammt locker gemacht und mir ein schönes Leben geleistet, erst in der Oberstufe, dann an der Uni und später dann beim Radio. Ich kann nicht abstreiten, dass seine Entscheidung mich davor bewahrt hat, überhaupt darüber nachdenken zu müssen, ob Schweine töten, Rinderviertel ausbeinen und Fleischwurst kringeln eine Option für mich sein könnten. Der Druck, die Familiendynastie fortzuführen, hat immer allein auf seinen Schultern gelegen. Man darf diese Last nicht unterschätzen. Wenn der

Familienbetrieb erst mal in der dritten Generation angekommen ist, gibt es kein Entrinnen mehr. Wenn mein Bruder den Betrieb aufgeben müsste, hätte er das Gefühl, dass nicht nur er, sondern auch Willi und Hans Reichert postum ihr Gesicht verlieren würden. Undenkbar!

Thomas hatte lange geglaubt, mein Leben wäre im Gegensatz zu seinem harten Schicksal ein lustiger Ringelreihen im schillernden Medienzirkus, eine endlose Party mit Stars und Sternchen. Wenn man morgens um halb sechs in der Wurstküche im Bratwurstbrät mengt, dann kann man schon mal auf die Idee kommen, dass es das friedlich im ersten Stock schlummernde Bruderherz besser getroffen hat.

Zu zeigen, dass ich es draufhätte, ein Schwein zu töten, also das zu tun, was für den Metzger Routine ist, diese Herausforderung war anscheinend eine Art späte Rache. Thomas schien zu hoffen, ich würde jämmerlich versagen, und damit wäre die Entscheidung unseres Vaters, ihn als Stammhalter auszuwählen, noch einmal Jahrzehnte später beglaubigt. Dass er die bessere Wahl für den Laden war, hatte ich nie bezweifelt. Vielleicht wollte er aber auch nur von mir den Beweis dafür haben, dass ich noch immer ein Haxen-Reichert war? War ich das überhaupt noch? Wollte ich es überhaupt noch sein? Wir hatten hier also so eine Art kompliziertes Bruderding auszufechten. Worum es ihm wirklich ging, würde ich nur erfahren, wenn ich die Herausforderung annahm.

Mein Bruder hatte noch was anderes im Sinn. Es ging ihm auch um die Bestätigung, dass sein Berufsstand etwas Nützliches für die Gesellschaft leistete, wozu die Menschen selbst nicht imstande waren. Die Metzger spürten, dass sie im Grunde dafür verachtet wurden, dass das Töten zu ihrem Handwerk gehörte.

Einerseits wollte Thomas also seinem kleinen Bruder zeigen, wo der Hammer hängt. Andererseits repräsentierte ich für ihn die ignorante und arrogante Gesellschaft, die auf seinen ehrbaren Berufsstand naserümpfend herabschaute, wenn sie überhaupt noch hinsah.

Metzger schienen aus der Zeit gefallen. Viele Kunden hatten sich in die heile Welt simulierenden Supermärkte verzogen und kauften lieber in Plastik eingeschweißte Billigwurstpampe. Nichts mehr sollte daran erinnern, dass dafür ein goldiges Kälbchen oder ein lustiges Schweinchen sein Leben hatte lassen müssen. Der Mann mit der blutigen Schürze hinter der Fleischtheke erinnerte daran.

Früher war Metzger ein Beruf wie jeder andere auch. Heute ist Metzger ein Beruf, der das gleiche schlechte Image hat wie der Bestatter. Beide haben mit dem Tod zu tun, das ist heute ein Problem.

Wer Metzger wird, muss damit leben, dass ihm viele feindselig gegenüberstehen, denn für viele ist Metzger ganz und gar kein »normaler« Beruf mehr, sondern eng verknüpft mit den Zuständen in der Fleischproduktion, von den Medien in regelmäßigen Abständen horrorbildgewaltig präsentiert: Massentierhaltung und Antibiotika-Missbrauch, gequälte Tiere und Ausbeutung der Leiharbeiter in den Schlachthöfen. Die Metzgerszunft ist stark geschrumpft. Während des letzten Jahrzehnts sind, einhergehend mit dem Rückgang des Betriebsbestandes, rund 19.000 Arbeits- und Ausbildungsplätze im Fleischerhandwerk weggefallen, das entspricht mehr als jedem zehnten Arbeits- oder Ausbildungsplatz.[24]

Thomas, nicht nur in seiner Rolle als Metzger, sondern auch als Obermeister der Fleischer-Innung, wird wahlweise als Tiermörder, Haustierhenker und Ferkelfolterer beschimpft. Demgegenüber steht die wachsende Zahl der »Beef«-Leserinnen und Leser, die staunend in den Steakseminaren meines Bruders vor dem Ausbeintisch stehen.

Mein Bruder bringt Chefärzten das Grillen bei. Investmentbanker lernen bei ihm, wie man Presskopf füllt. Auch Kegelklubs und Landfrauen kommen in seine Kurse und Workshops. Der Haxen-Reichert nennt seine Veranstaltungen Metzgertainment. Und die Leute sind begeistert. Mein Bruder erzählt von unserem Opa aus dem Schwabenland, von unserem Vater, dem Haxen-Reichert, und von glücklichen Charolais-Rindern, die im Westerwald über die Weiden tollen und später bei ihm Dry Aged im Kühlhaus hängen, um dann auf dem Teller seiner Gäste zu landen! Authentischer geht es nicht. Vielen Kunden ist es egal, ob sie das Fleisch beim Metzger, im Supermarkt oder im Netz kaufen. Die gute Geschichte dazu, die gibt es nur bei Metzgern wie meinem Bruder. Und die Nachfrage steigt.

Im Angesicht unseres gerade gestorbenen Vaters flog uns ein lange verdrängter Familienkonflikt um die Ohren, in den mein Bruder mal eben noch einen tief liegenden Konflikt unserer Wohlstandsgesellschaft hineingemengt hatte.

»Hier liegt unser Vater. Du versprichst jetzt, dass du es tust, sonst bleibt der Apparat im Sarg. Sind wir eine Familie? Kannst du das Willi und mir zeigen?«

»Okay, aber ihr müsst auch etwas machen.«

»Was?«

»Wir fahren zusammen nach Helgoland. Wir machen endlich diese Reise. Und wir streuen ihn da an der Langen Anna ins Meer.«

»Deal!«

6

ZARTE SEELEN SIND SCHLECHTE METZGER

Alles hat ein Ende, nur die Wurst hat keins

Der Tag auf dem Franßenhof ist für mich eine Art Rückkehr in den Schoß der Familie. Mein Bruder gibt mir die Chance, dazuzugehören. Unserem Vater wäre niemals in den Sinn gekommen, mir seinen Bolzenschussapparat in die Hand zu drücken. Und das nicht etwa, weil er seinen jüngsten Sohn vom Schlachten fernhalten wollte. Er hat es mir einfach nicht zugetraut.

Es gibt kaum einen härteren Arbeitsplatz als den an der Schlachtbank. »Kopfschlächter« hießen die harten Jungs, die in den Schlachthöfen ihr blutiges Handwerk verrichten, schon früher. Heute erledigen dies sogenannte Wanderarbeiter. Diese Männer werden häufig pro Kopf bezahlt; logischerweise pro Kopf, an dem kein Körper mehr dranhängt. In den Ballungszentren überlassen die meisten Metzger das Schlachten den Spezialisten in den Schlachthöfen und konzentrieren sich auf das Wurstmachen und den Verkauf der Fleischwaren in ihren Läden. Da stehen sie dann mit ihren bunten Schürzen gut gelaunt hinter der Theke, packen Aufschnitt ein, klopfen Schnitzel und scherzen mit den Leuten, die heute noch gerne zum Metzger ihres Vertrauens gehen. Die Marketingexperten nennen das Kundenbindung.

Geschlachtet werden heute in Deutschland die meisten Tiere am Fließband in gigantischen Schlachtfabriken. Dort stehen in der Regel Hilfsarbeiter, die bei Subunternehmern angestellt sind. Die Subunternehmer werden nach Menge bezahlt. Wenn das Band stillsteht, weil ein Tier nicht betäubt ist, schaffen die Arbeiter weniger Menge. Das heißt, es gibt weniger Geld für die Subunternehmer. Die Arbeiter bekommen sowieso oft nur Hungerlöhne, womit wir beim nächsten Problem wären. Der Preisdruck, das Lohndumping, aber auch die Unattraktivität dieser Arbeit hat dazu geführt, dass sich kaum jemand mehr findet, der diesen Job machen will.

Es sind häufig Männer aus Moldawien, Rumänien, Bulgarien und der Ukraine, die da an den Bändern stehen. Diese Arbeiter leben in ärmlichen Verhältnissen, können die hiesige Sprache nicht, haben kaum Kontakt mit Menschen außerhalb der Schlachthöfe. Sie haben riesigen Frust, nicht selten spielt Alkohol eine Rolle. Dass Menschen unter solchen Umständen verrohen und die Tiere mitleidlos behandeln, muss einen nicht verwundern.

Ein Sumpf, an dem viele verdienen, nur nicht die Arbeiter. Eine dunkle Parallelwelt, in der mafiöse Strukturen herrschen und Menschen, die 60 Stunden die Woche am Fließband schuften, am Ende keine fünf Euro Stundenlohn bleiben. Wovon dann »Vermittlungsgebühr«, Miete für ein Bett in einer Sammelunterkunft, Transport – und was immer den Subunternehmern noch einfällt – abgezogen werden. Arbeitsverträge und Lohnabrechnungen sind eher die Ausnahme, minimalste Standards werden unterlaufen.

Wer am Monatsende 100 Euro nach Hause überweisen kann, kann sich glücklich schätzen. Aber zu Hause sind die Zustände eben noch schlimmer. Den Preis für das billige Schnitzel bezahlen nicht nur die Tiere.[25]

Auf dem Franßenhof ist die Atmosphäre im Moment eher sachlich konzentriert. Ich befürchte, die Leute erwarten mehr Emotion und Drama.

Judith Franßen treibt den Eber aus der Sonne. Wovor hat sie Angst? Dass Engelbert an einem Hitzschlag sterben könnte?

Thomas lacht. »Wenn wir nicht bald loslegen, dann wird Engelbert der erste Eber, der vor dem Schlachten gegrillt wurde …«

Was wir hier machen, mal hinzuschauen und aus erster Hand zu erleben, was wirklich passiert, wenn ein Schwein geschlachtet wird, das ist etwas ganz Seltenes, Außergewöhnliches. Ich finde, jeder, der Fleisch isst, sollte einmal beim Schlachten dabei gewesen sein. Warum den Besuch im Schlachthaus nicht auf den Lehrplan in der Schule setzen? Ende der 9. Klasse begleiten die Schüler den Metzger dahin, wo das Fleisch und die Wurst herkommen.

Engelbert hat mittlerweile die Ruhe weg. Er liegt entspannt auf den warmen Steinfliesen vor dem Schlachthaus und träumt vom Schweinehimmel, der genauso aussieht wie sein Zuhause auf dem Franßenhof. Ich erwische mich schon wieder dabei, wie ich darüber nachdenke, was in Engelberts Kopf vor sich geht. Wahrscheinlich eine Art Übersprungsgedanke, weil ich dem Tier gleich in den Kopf schießen muss.

»Wer weiß eigentlich, was aus Schweinefleisch alles hergestellt wird, mal abgesehen von Gulasch und Schinkenspeck?«, fragt mein Bruder in die Runde.

»Frankfurter Würstchen und Blutwurst!«

Thomas freut sich: »Ja. Wir unterscheiden Rohwürste, Brühwürste und Kochwürste. Für Rohwürste werden Fleisch, Speck, Pökelsalz und Gewürze mehr oder weniger fein zerkleinert, dann werden die Würste kalt geräuchert oder luftgetrocknet: Salami oder Zervelatwurst gehören auch zu dieser Wurstfamilie. Die Würste sind lange haltbar.

Mettwurst oder Teewurst reihen sich auch bei den Rohwürsten ein, man kann sie aufs Brot streichen, dass ist der Unterschied zu den anderen Dauerwürsten. Brühwürste werden mit rohem Fleischbrät gefüllt und bei 70 bis 80 Grad gebrüht und oft auch noch geräuchert: Frankfurter Würstchen, Jagdwurst, Mortadella, Bockwurst und auch Bratwurst.«

Das Brät der Brühwürste wird hergestellt aus rohem, zerkleinertem Fleisch, Fettgewebe, Trinkwasser in Form von Eis, Pökelsalz, Gewürzen und Gütezusätzen, anschließend werden die Würste durch Brühen oder Backen gegart.

»Und was sind dann Kochwürste?«, will jemand wissen.

»Das sind die sogenannten Hausmacher Wurstsorten: Leber-, Blutwurst und Presskopf«, antwortet Thomas.

In diesen Wurstsorten werden zum überwiegenden Teil vorgegartes Fleisch und vorgegarter Speck und oft auch frische Innereien verarbeitet, zum Beispiel in der Leberwurst. Alle Zutaten werden anschließend mit Gewürzen, Koch- und Pökelsalz vermischt und gefüllt. Als letzte Arbeitsstufe werden die Würste auf circa 72 Grad C Kerntemperatur erhitzt und eventuell auch geräuchert.

Ich hatte mich im Vorfeld meines Franßenhof-Auftritts selbst ein wenig in die Materie eingearbeitet und gelesen, dass sich bereits in Homers Odyssee um circa 700 v. Chr. ein erster Hinweis auf Wurst findet: »Hier sind die Ziegenmagen mit Fett und Blute gefüllet, die zum Abendschmaus auf glühende Kohlen geleget werden, und nur der tapferste Kämpfer (...) wähle sich selbst die besten der bratenden Würste.«[26]

Der Ursprung des Wortes »Wurst« könnte im Althochdeutschen liegen, »Werran« steht für Durcheinandermengen, »Wursten« für das Drehen und Wenden beim Stopfen der Würste.[27]

Der Dichterfürst Goethe war ein passionierter Wurstesser und reimte: »Das wäre ein schönes Gartengelände, wo man den Weinstock mit Würsten bände.« Robert Walser schwärmte von rohem Schinken und Hemingway von Frankfurter Würstchen. Auch Franz Kafka war leidenschaftlicher Wurstliebhaber: »Sehe ich eine Wurst, die ein Zettel als eine harte Hauswurst anzeigt, beiß ich in meiner Einbildung mit ganzem Gebiss hinein und schlucke rasch regelmäßig und rücksichtslos wie eine Maschine.«[28]

Ohne Metzger gäbe es keine vollen Bäuche und damit auch keine Kultur. Auch die deutsche Sprache wäre um viele Redensarten ärmer.

Alles hat ein Ende, nur die Wurst hat zwei! sang damals Stephan Remmler und brachte auf den Punkt, was Metzgern schon immer klar war: *Es kann einem wurst sein,* an welchem Ende man die Wurst anschneidet.

Das ist mir wurst war angeblich der Lieblingssatz Otto von Bismarcks, dem auch das Zitat am Anfang des Buches zugeschrieben wird. *Es geht um die Wurst* muss man nicht lange erklären. Man muss sich anstrengen, um *gut abzuschneiden.*

Es tut manchmal gut, wenn einem eine *Extrawurst* gebraten wird, zum Beispiel, wenn der Grillmeister bereit ist, der Veganerin neben die Sparerips einen Kichererbsenbratling auf den Rost zu legen. Winkt die dann ab, weil der Bratling mit Fettspritzern knuspriger Leichenteile in Berührung kommen könnte, dann steht sie bereits knietief im *Fettnäpfchen*, und nicht selten endet der Abend mit einem Schnitt ins *eigene Fleisch*, weil sie künftig bei Grillfesten zu Hause bleiben muss.

Armes Würstchen, könnte man dann denken – und ist auf dem Holzweg. Denn der Begriff stammt wahrscheinlich aus dem 19. Jahrhundert und ist eine Abwandlung vom *armen Würmchen*, das am Angelhaken baumelt.[29]

Dabei stehen doch gerade Schweine seit Jahrhunderten für Glück. *Wer Schwein hat*, der hat in vielen Fällen einfach Glück, auch wenn er es manchmal gar nicht verdient hat.

Im Mittelalter beim Augsburger Schießfest drückte man dem Oberloser auf dem letzten Platz als Trostpreis ein kleines Schwein in die Hand.

Angeblich wurde diese Redewendung im 16. Jahrhundert nach verschiedenen Hungersnöten geprägt. *Schwein gehabt* hatte damals der, der genug zu essen auf den Tisch bekam, zum Beispiel genügend Brot und Schinken.[30]

Das Schwein und vor allem der Eber war den Germanen heilig, er symbolisierte Stärke und Fruchtbarkeit, Wohlstand und Reichtum. Die *coole Sau* wurde zum Glücksschwein geadelt. Die Christen änderten an diesem Status klugerweise nichts.

Das Schwein war göttlich und drollig zugleich – ein Wunderwerk der Natur, also Gottes. Es fraß Reste und lieferte Schmalz, Schinken und Sülze. Das Tier bekam als Schutzheiligen Sankt Antonius zur Seite gestellt. Wilhelm Busch widmete ihm ein paar Verse, die erzählen, wie Antonius an der Himmelspforte klopft und ein Schwein im Schlepptau hat. Die Empörung ob der Sau im Himmel war groß. Doch Maria hatte ein Einsehen: »Willkommen! Gehet ein in Frieden! Hier wird kein Freund vom Freund geschieden. Es kommt so manch ein Schaf herein, warum nicht auch ein braves Schwein.« Da grunzte das Schwein, die Englein sangen. So sind sie beide hineingegangen.[31]

Ein großer Glücksschweinauftrieb findet an Silvester statt. Die Marzipanwutzen sollen im nächsten Jahr Glück bringen, was früher gleichbedeutend damit war, genug zu essen zu haben.

Aber Vorsicht! Wer zu oft *die Sau rauslässt*, dem sollte man vielleicht mal sagen, dass so was *unter aller Sau* ist und er Gefahr läuft, *zur Sau gemacht zu werden.* Mit anderen Worten: Es dauert nicht mehr lange und er bekommt *sein Fett weg.*

»Wie viele Wurstsorten gibt es eigentlich in Deutschland?«, will jemand wissen.

Thomas richtet sich kerzengerade auf. Man merkt, dass ihn die Antwort mit Stolz erfüllt: »Es sind 1.500 verschiedene Wurstsorten. Wurst ist Teil unseres kulturellen Erbes! Eine beeindruckende Zahl. Deutschland hat den Ruf, Weltmeister in Sachen Wurstherstellung zu sein. Im Handwerk werden nur Fleisch, Speck, Gewürze, Trinkwasser, spezielle Lebensmittel wie Ei, Milch und Käse, Pilze, Paprika und Pistazien sowie wenige Gütezusätze verwendet. Leberwurst, Herzwurst oder Zungenwurst enthalten, der Name sagt es, die Innereien Leber, Herz beziehungsweise Zunge.

Die Zusammensetzung der Wurst ist in den Leitsätzen für Fleisch und Fleischerzeugnisse des Deutschen Lebensmittelbuches festgelegt. Produkte, die von diesen strengen Regeln abweichen, müssen entsprechend gekennzeichnet werden und dürfen dann nicht unter den bekannten traditionellen Wurstbezeichnungen bei den Discountern angeboten werden.[32]

Mit Wurst, Kotelett und Saumagen ist das Verwendungspotenzial der Schweine noch längst nicht ausgeschöpft!« Thomas ist in seinem Element.

»Da gibt's doch noch die Gelatine in Gummibärchen und Energieriegeln, ist die nicht auch vom Schwein?«

Thomas nickt: »Gelatine besteht zu 80 bis 90 Prozent aus Eiweiß, und das wird aus der Haut und den Knochen der Schweine gemacht. Übrigens ist Gelatine auch in Medikamentenkapseln. Hämoglobin aus Schweineblut steckt in den Filtern von Zigaretten und Fettsäuren aus Schweineknochen in Shampoos und Seifen.«

Thomas nimmt bei seiner Aufzählung Fahrt auf: »Das Kollagen in Gesichtscremes wird aus Schweine- und Rindergewebe gewonnen. In Zahnpasta stecken Fett und Glycerin aus Schweineknochen, und wenn Ihre Zahnbürste Naturborsten hat, dann sind die nicht vom Stamm der Yuccapalme, sondern auch vom Schwein. Schweineborsten kommen in Form von Cystein, einer schwefelhaltigen Aminosäure, auch in Brot und Brötchen vor.«

Die Biobäuerin bringt einen dampfenden Kessel mit heißen Frankfurtern. Eine Art Henkersmahlzeit, nur dass der Delinquent nichts von dem Essen abbekommt. Mein Bruder spürt, dass die Gäste auf dem Hof noch etwas Zeit brauchen, um sich mit dem Gedanken abzufinden, dass der liebe Engelbert gleich ein Engel wird. Ich befürchte, ich bin der Grund, dass sich die Sache auf dem Franßenhof hinzieht.

Thomas greift beherzt in den Kessel, schnappt sich eins der Frankfurter Würstchen, beißt ab und schaut kritisch auf die Bissstelle. Er drückt die Wurst mit dem Daumen gegen Zeige- und Ringfinger und prüft so die Festigkeit.

»Ja, ist ganz gut.«

Dieses schlichte »ganz gut« des Haxen-Reicherts ist für ein Frankfurter Würstchen so etwas wie der Michelin-Stern für die Nouvelle Cuisine. Als Obermeister der Fleischer-Innung Frankfurt-Darmstadt-Offenbach ist Thomas der Hüter des Heiligen Würstchen-Grals. Nur ist der Gral kein Kelch, sondern ein dampfender Kessel.

»Leichter Biss, und die Farbe ist auch okay.« Mein Bruder hält die Frankfurter in die Höhe und begutachtet den Saitling wie der Connaisseur die Blattbeschaffenheit der handgerollten Havanna.

»Weiß jemand, was der Unterschied zwischen einem Frankfurter und einem Wiener Würstchen ist?«

»Wiener sind ein bisschen dicker und größer«, weiß der junge Vater.

»Ja, das stimmt«, lobt ihn der Metzgermeister, »aber den Unterschied macht hier der Engelbert aus. Frankfurter sind nur vom Schwein. In Wienern wird auch Rindfleisch verwurstet.«

Johann Georg Lahner hieß der Frankfurter Metzger, der Anfang des 19. Jahrhunderts in Wien eine Metzgerei eröffnet hat. Herr Lahner hat dann für die Wiener Gesellschaft das Brät mit Rindfleisch verfeinert und die Würste größer gemacht. Wiener sind um die 20 Zentimeter lang und Frankfurter maximal 12 Zentimeter. Sie wiegen um die 130 Gramm, und drin ist nur Bauchfleisch und Speck vom Schwein.

In Wien heißen die Wiener übrigens immer noch Frankfurter Würstchen. Und im Rest der Welt Wiener. Aber im Rest der Welt ist das Frankfurter Würstchen deutlich weiter verbreitet. Wenn Sie auf der 5th Avenue einen Hotdog bestellen, dann ist da eine Frankfurter drin. Natürlich werden die nicht alle in Frankfurt hergestellt. In Deutschland darf der Name *Frankfurter Würstchen* seit 1929 nur für Würstchen verwendet werden, die in Frankfurt produziert werden. Da hält sich natürlich niemand dran. Im Rest der Welt ist Frankfurter Würstchen einfach eine Bezeichnung für ein dünnes Würstchen mit Schweinefleisch, das man gut aus der Hand essen kann.

Mein Bruder gefällt sich in der Rolle des Weltenerklärers am Beispiel regionaler Essgewohnheiten. Und das Frankfurter Würstchen ist sein Steckenpferd. Mit den Kollegen aus der Innung hat er versucht, ein Frankfurter-Würstchen-Festival aufzuziehen. Leider schlief das Würstchen-Casting mangels Interesse der Frankfurter Metzger nach einigen Runden wieder ein. Das Grüne-Soße-Festival dagegen ist in Frankfurt ein großer Erfolg.

Die leckersten Teile von Engelbert könnten wir gleich zu Hackfleisch verarbeiten. Frisch genug wäre es. Oberstes Gebot bei Hackfleisch: Es darf nur am Tag der Herstellung verkauft werden.

Hier kommt der Fleischwolf zum Einsatz. Hackfleisch ist zerkleinertes, grob entsehntes, rohes Muskelfleisch aus Schweinefleisch, Rind- und Kalbfleisch, Hammel- und Lammfleisch, Wildfleisch und Geflügel.

Wir Deutschen lieben Schweine- und Rinderhackfleisch, gerne auch halb und halb gemischt. In Schweinehackfleisch dürfen maximal 30 Prozent Fett und in Rinderhackfleisch maximal 20 Prozent Fett schlummern. Die Mischung darf maximal 30 Prozent Fett enthalten. Entdeckt man in der Fleischtheke Mett, Thüringer Gehacktes, Faschiertes, Gewiegtes, Haschee oder Hackepeter, dann ist da auf jeden Fall Schwein drin. Übrigens auch in Mettigeln. Aus Hackfleisch werden Frikadellen, Königsberger Klopse und Hackbraten modelliert, es wandert aber auch als Füllung in Kohlrouladen und Paprika. Auch in die Wurst verschwindet das leckere Gehackte, zum Beispiel in die Thüringer Rostbratwurst.

Feinschmecker greifen gerne zu Tatar. Das rohe Hack wird aus sehnenfreiem und fettarmem Muskelfleisch vom Rind, der Oberschale oder auch den Enden des Filets gezaubert und ist als Schabefleisch oder Beefsteakhack feiner zerkleinert als einfaches Hackfleisch. Der Fettgehalt darf die 6-Prozent-Marke nicht überschreiten. Tatar geht nur roh, alles andere wäre eine Beleidigung für den Metzger.

Da der Hackfleischhändler seine Kunden noch lange als Kunden behalten will, wird er nur frisches Hack über die Ladentheke wandern lassen, da nicht nur dem Kunden das Gehackte schmeckt, sondern, wenn es eine Zeit lang im Warmen gelegen hat, auch Bakterien, die Namen tragen wie Escherichia coli, Salmonellen und Listerien.

Engelbert wird später von einem Veterinär noch gründlich auf Trichine untersucht werden. Der Fadenwurm könnte sich im Fall der Fälle ins Mett schmuggeln und dann bei den Besuchern des Franßenhofs zu Schwindel, Bauchschmerzen, Erbrechen und Durchfall führen. Eine Übertragung wäre durch rohes Fleisch möglich.

In Deutschland leben rund 83 Millionen Menschen. Wenn jeder nur eine Mahlzeit jeden Tag isst – und das ist, wie wir wissen, natürlich zu niedrig geschätzt –, dann wären das 83 Millionen Mahlzeiten. Gemessen an den Mengen von Lebensmitteln, die wir jeden Tag aufessen, ist die Gesamtzahl der übertragenen Krankheiten durch Mittagessen überschaubar. Wenn allerdings mal was passiert und die passenden Bilder von vergammelter Salami und schimmeligen Brötchen durchs Netz suppen, dann ist richtig Alarm.

Skandale rund ums Essen sind für die Medien immer gefundene Fressen. Sie erfüllen ganz wunderbar alle Kriterien, mit denen sich die unbedarften Konsumentinnen und Konsumenten so richtig in Angst und Schrecken versetzen lassen.

Journalisten lieben Begriffe, die angstbesetzt sind. BSE, Schweinegrippe, Dioxin und Asbest funktionieren natürlich noch besser, wenn man sie an Wörter koppelt, die den bevorstehenden Untergang ankündigen: Asbest-verseucht, Dioxin-belastet, BSEbefallen. Da läuten die Alarmglocken. Übrigens auch bei der Qualitätspresse.[33]

Ernährungsskandale werden weidlich ausgeschlachtet! Meistens ist der Feind (Keime, Prionen, Viren) unsichtbar, und weil jeder essen muss, kann es jeden treffen. Und weil fast jeder schon mal einen verdorbenen Magen hatte und weiß, wie sich Bauchweh und wässriger Durchfall anfühlen, könnte es sein, dass es hier schon beim Lesen anfängt, in der Magengegend zu grummeln. Bei mir nicht, werden jetzt Vegetarier und Veganer jubeln und sich zu früh gefreut haben. Es trifft mitnichten nur die Fleisch- und Wurstliebhaber. Über 20 Tote forderte die EHEC-Epidemie im Jahr 2011. Übertragen wurde der Keim vom Stamm des Darmbakteriums Escherichia coli durch Sprossen, die wahrscheinlich in einem Gartenbaubetrieb in Bienenbüttel im Landkreis Uelzen gezogen wurden.[34]

Ob Pferde- oder Gammelfleisch, EHEC oder Listerien, natürlich sind haarsträubende Schlamperei, hinterhältige Vertuschung oder kriminelle Machenschaften im Umgang mit Lebensmitteln eine Riesensauerei. Auf der anderen Seite kann bei 83 Millionen Mahlzeiten natürlich auch mal was schiefgehen, ohne dass Absicht, Fahrlässigkeit oder kriminelle Energie dahinterstecken.

Unappetitlich sind oft auch die Mechanismen der medialen Hinrichtung der Schuldigen. Nicht selten umkreisen Journalisten, Politiker und die Lebensretter von Foodwatch den Skandal-Kadaver und weiden ihn genüsslich aus. Nach dem Leichenschmaus ist dann oft nicht mal mehr ein Gerippe übrig, und ganze Unternehmen müssen dichtmachen.

Bei der Franßenbäuerin vergeht keine Führung durch die Schweine- und Kuhställe ohne die Frage nach den Gasen, die vor allem die Wiederkäuer in die Luft furzen.

»Sind nicht auch pupsende Rinder schlimme Umweltsäue?«, muss sich die Bäuerin regelmäßig fragen lassen. Kühe stehen in der Klimadebatte gerne immer mal als Sündenböcke da.

Eineinhalb Milliarden Rinder leben auf unserer Erde und produzieren beim Wiederkäuen das farb- und geruchlose Klimagift Methan. Es entsteht, wenn Mikroben im Pansen der Tiere die Zellulose in nahrhaften Speisebrei verwandeln. Die Rinder entlassen es dann in unsere Atmosphäre. Das meiste davon übrigens durch Rülpser und nicht, wie oft behauptet, durch den Hinterausgang. Bis zu 250 Liter Methan pro Tag scheidet jedes Rind aus. Das führt zu weltweit täglich 300 Milliarden Liter Klimagas. Milliarden Schafe und Ziegen erhöhen die globale Methan-Emission weiter auf etwa 150 Billionen Liter pro Jahr. Stolze Zahlen. Doch der Vorwurf, dass es die Kühe sind, deren Körpergase uns dem Klimakollaps näherbringen, verliert an Schärfe, wenn man das ganze Bild, und sei es nur für Deutschland, betrachtet: Die gesamten Methan-Emissionen machen in Deutschland nur einen Anteil von 3,7 Prozent der Treibhausgasemissionen aus – oder anders ausgedrückt: Das Methan aus der Tierhaltung trägt zu drei Prozent des Treibhauseffektes bei. Fast 88 Prozent der gesamten Emissionen von Treibhausgasen entfallen auf CO_2, und diese Emissionen stammen wiederum zu über 80 Prozent aus dem Energiebereich. Den Rest erledigen wir mit dem Verkehr, und hier sind die Flieger ganz vorne mit dabei.[35]

Mein Bruder baut sich hinter Engelbert auf, der sich verschreckt aufrichtet und neugierig umschaut. Thomas deutet auf die Stirn des Ebers.

»Hier wird der Bolzenschussapparat angesetzt. Normalerweise werden die Tiere mit einer Elektrozange betäubt oder in Großschlachtereien mit CO_2. Der Schussapparat darf heute nur noch eingesetzt werden, wenn kein Gas oder keine Zange zur Hand ist.«

Thomas zieht ein sehr spitzes Messer aus seinem Köcher. Die Klinge ist vom vielen Schleifen ganz schmal geworden. »Damit steche ich Engelbert dann etwa drei Fingerbreit vom Brustbein aufwärts in den Hals. Treffe ich die großen Blutgefäße in der Nähe des Herzens, dann blutet das Tier innerhalb von ein bis zwei Minuten aus.«

Thomas bückt sich und deutet auf die Stelle unter Engelberts Kehle. »Hier werden Schweine, Rinder und Pferde gestochen. Bei Großvieh wird auch manchmal die Halsschlagader durchgeschnitten.«

»Schächten«, raunt ein Zuschauer und wirkt mitgenommen.

»Nicht ganz. Beim Schächten werden mit einem Schnitt die großen Blutgefäße und die Luft- und Speiseröhre durchtrennt und das Tier dadurch getötet«, erklärt Thomas und fährt fort, die einzelnen Schritte des Schlachtvorgangs zu beschreiben.

Abgesehen davon, dass Engelbert auf dem Franßenhof keine mit der Axt über den Schädel bekommt, läuft das Schlachten heute noch genauso ab wie bei den Hausschlachtungen in Großallmerspann. Bei den industriellen Massentötungen in den Schlachtfabriken ist jeder Schritt automatisiert. Geschlachtet wird im Akkord am Fließband. Bei einer Hausschlachtung ist alles Handarbeit.

Engelbert hat es ganz und gar nicht eilig, sich in köstliche Schweinemedaillons zu verwandeln. Judith Franßen drückt auf die Tube: »Wird das heute noch?«, zischelt sie mir ins Ohr, und ich wundere mich, dass man im Chefton auch flüstern kann.

7

SCHNITZEL TO GO UND STEAK TO SHOW

Von höllischer Hetze und hippen Halbschuhmetzgern

Die Reise der Reicherts nach Helgoland mit Willis Urne als Handgepäck in einem Rucksack, auf dem das Logo seines Lieblingsfußballvereins SG Hoechst 01 prangte, begann mit einer Taxifahrt zu einer sehr unchristlichen Zeit.

»Wir müssen los«, hörte ich meinen Bruder sagen und spürte den Druck seiner Pranke auf meiner Schulter.

Die Fähigkeit, in Sekundenschnelle einzuschlafen, wo immer sich eine Gelegenheit bot, habe ich von unserem Vater geerbt. Wir saßen nebeneinander auf der Rückbank eines Taxis auf dem Weg zum Flughafen, und die Wärme, die Vibration, vielleicht auch die Nähe meines Bruders hatten mich einnicken lassen. Merkwürdig. Aber das gehört zu einer meiner schönsten Kindheitserinnerungen: mein Bruder und ich auf der Rückbank unseres Mercedes. Papa fuhr, Mama studierte das Leben von Prinzessin Caroline von Monaco in der Klatschpresse, Thomas sortierte seine Autoquartettkarten. Und ich war glücklich, dass wir alle zusammen waren.

Natürlich ist es in Deutschland streng verboten, Urnen einfach im Handgepäck ohne Genehmigung dabeizuhaben, aber da Totenasche auch nicht anders aussieht wie Blumenerde aus dem Balkonkasten, sahen wir das nicht so eng.

»Der Tod ist der beste Lehrmeister zum zivilen Ungehorsam«, hatte uns Bestatter David Roth damals hinterhergerufen, als wir vom Hof fuhren.

Jetzt war es fünf Uhr morgens, und die Hektik und vor allem der Lärm am Frankfurter Flughafen machten mich fertig. Mein Bruder war hellwach, er verkraftete die frühe Uhrzeit besser. Metzger stehen früh auf. Der Wecker meines Vaters schrillte morgens pünktlich um 4 Uhr 30 und war bis in unser Kinderzimmer zu hören.

Geschlachtet wurde in den frühen Morgenstunden. Während die Welt noch friedlich schlummerte, wurde still und heimlich hinter verschlossenen Schlachthaustüren an den Kehlen Tausender Rinder und Schweine die Klinge angesetzt.

Zu meinen frühen Kindheitserinnerungen gehört ein Blick aus dem Fenster im ersten Stock in den Hof hinter unserer Metzgerei. Aus unserem VW Bulli wurden im Morgengrauen Schweine- und Rinderhälften ausgeladen. Die Gesellen warfen sich, begleitet von rauem Keuchen und brummendem Stöhnen, die halben und manchmal auch geviertelten Tierleiber über die Schulter. Aus den Mündern der Metzger quoll dampfender Atem, während sie eine Rampe hinaufbalancierten und durch eine Tür verschwanden, aus der kaltes, sehr weißes Licht floss. Noch bevor ich meinem ersten lebenden Schwein begegnet bin, waren halbe Schweine ein alltäglicher Anblick für mich.

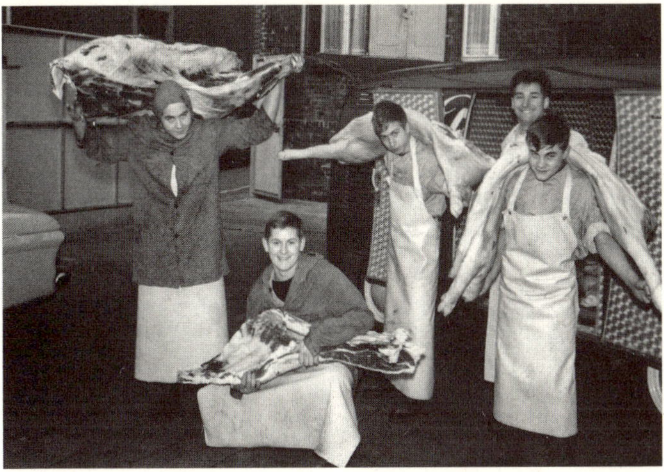

Schweine, halbiert.

Die zersägten Tiere, der geheimnisvoll flackernde Lichtschein, die starken Männer mit ihren blutigen Metzgerschürzen: All das machte mir keine Angst.

In Schockstarre versetzte mich der ohrenbetäubende, höllische Lärm, der nach dem Ausladen einsetzte und vermengt mit dem unheimlichen Licht in mein Zimmer flutete. Das heulende Sägen und dumpfe Hämmern würde für den Rest meines Lebens dafür sorgen, dass bei Lärm meine Nerven flattern.

Mein Bruder, die Asche meines Vaters und ich waren unterwegs nach Hamburg, um von dort nach Helgoland überzusetzen. Es war Thomas' Idee, den ersten Flieger zu nehmen. Er wollte die Gelegenheit nutzen, um sich die Stadt anzuschauen. Ich hatte gedacht, er wollte mal einen Tag ungestört mit seinem kleinen Bruder zusammen sein. Das Mercedes-Gefühl heraufbeschwören. Es hätte einiges gegeben, worüber zu reden gewesen wäre. Aber er hatte nie Zeit, genauso wie unser Vater, Metzgermeister Willi Reichert, nie Zeit hatte und vor ihm sein Vater, unser Großvater und Firmengründer, Metzgermeister Hans Reichert, nie Zeit hatte. Die Kunden vor der Ladentheke waren immer wichtiger als alles andere.

Frühes Aufstehen, harte körperliche Arbeit, Schweiß und Blut – wer nimmt das freiwillig auf sich?

Für den Umgang mit scharfen Messern, fettiger Schwarte und dem Geruch von Blutwurst muss man wahrscheinlich geboren sein. Nur die wenigsten wollen heute noch Metzger werden.[36] Viele Metzgereibetriebe schließen, weil es keine Mitarbeiter und vor allem keine Nachfolger mehr gibt. Oder anders: Metzger wird heute meist jemand, der, wie mein Bruder, aus einer Metzgerfamilie kommt.

Auf 100.000 Einwohner kommen in Deutschland nur noch 25 Metzgereien. Im Jahr werden rund 1.000 Betriebe aufgegeben – und nur etwas mehr als 600 werden neu gegründet. Aber: Die Metzgerbetriebe werden größer. Der durchschnittliche Umsatz pro Betrieb lag 2018 bei knapp 1,4 Millionen Euro. Im Schnitt beschäftigen die Metzger elf Mitarbeiter, Inhaber und Familie eingeschlossen. Insgesamt arbeiten gut 140.000 Menschen im deutschen Fleischerhandwerk.[37]

Neben dem schlechten Image lockt auch nicht das große Geld. Nach der Ausbildung gibt's zwischen 1.700 und 2.300 Euro brutto.[38] Seit der Zeit von Opa Hans hat sich nicht nur das Verhältnis zum Essen enorm verändert, sondern das ganze Berufsbild. Früher mussten die Metzger die Tiere selbst in die ewigen Jagdgründe schicken. Heute erledigen das die spezialisierten Großschlachtereien. Dem Metzger klebt nur noch Blut an den Händen, wenn er sich beim Rasieren schneidet. Metzger müssen heute Fleisch verarbeiten, die Qualität beurteilen und nach alten Rezepturen die Wurst herstellen können. Gute Metzger sind wie gute Köche. Nur noch seltener und nie im Fernsehen zu sehen.

Als unser Großvater 1935 sein Geschäft eröffnete, hätte er sich viel vorstellen können. Aber bestimmt nicht, dass er als ehrlicher Metzger eines Tages zu einer aussterbenden Spezies gehören könnte. Damals gab es in Frankfurt am Main 897 Metzgereien.

Nach dem Krieg und den Hungerjahren ging es zunächst wieder aufwärts für die Metzger im Wohlstandswirtschaftswunderland Deutschland. In jedem Viertel eröffneten Metzgereien und Bäcker. Es sollte, zumindest was die Metzger anging, eine kurze Blüte werden. Ein Jahr nach der Währungsreform und der Einführung des Grundgesetzes am 8. Mai 1949 – samt Gewerbefreiheit, die dem Handwerk einen gewaltigen Boom bescherte – eröffnete in Deutschland der erste Supermarkt. Die wenigsten Metzger ahnten, dass das der erste Sargnagel werden sollte.

In den neuen Supermärkten gab's auch Fleisch und Wurst, praktisch verpackt und billiger als beim Metzger um die Ecke. Die ersten Hausfrauen standen jetzt nicht mehr mit dem Korb vor der Theke und wurden bedient, sie fuhren jetzt die vollen Regale entlang und packten ein, was sie brauchten. 1970 gab es noch 393 Metzgereien in Frankfurt, 1990 208, und heute sind es noch 69 Betriebe, die zur Innung Frankfurt-Darmstadt-Offenbach gehören.[39]

Das Metzgersterben begann nicht mit der Veggie-Bewegung und Shoppingmalls, sondern schon in den 1950er-Jahren. Von da an ging's nur immer schneller in die gleiche Richtung, also bergab. Noch vor 25 Jahren wurden Fleisch und Wurst zu knapp zwei Dritteln lose verkauft. Inzwischen ist es umgekehrt. In den meisten Fällen landet Fleisch in Folie verpackt im Einkaufswagen bei Rewe, Edeka, Aldi oder Lidl.

Betriebe wie unserer, die trotz der Supermärkte in die zweite und dritte Generation gingen, erlebten bald die nächsten Wellen neuer Lebensgewohnheiten. Oder verschliefen sie. Im Gegensatz zu den Bäckern kamen viele Metzger erst spät dahinter, dass die Hausfrauen, die sowieso immer weniger wurden, nicht mehr morgens zu Hause die Leberwurstbrote schmierten und abends Platten mit Schnittchen belegten. Catering und heiße Theke, belegte Brötchen und ein ganzes Mittagessen zum Mitnehmen, das wurde ab den 1970er- und 1980er-Jahren zum guten Geschäft. Und ist es heute noch. Da unser Vater Willi rechtzeitig begriffen hatte, dass weniger rohe Schnitzel aus der Auslage, dafür mehr gesottene Frikadellen mit Kartoffelsalat verkauft wurden, hatte er bessere Karten.

Es reicht schon lange nicht mehr, nur gutes Fleisch anzubieten. Die Kunden hungern auch bei ihrem Metzger nach »Erlebnissen« und wollen wissen, was da hinter den Kulissen passiert. Zu Fleisch und Wurst gehört heute auch ein bisschen Show. Wobei »Show« dem, was mein Bruder in seiner Wurstküche bei Steak-Seminaren veranstaltet, nicht gerecht wird. Da weht nicht etwa die heiße Luft, die Kochshows verbreiten, durch den Betrieb. Da wird ehrliche Handwerkskunst vorgeführt, und am Ende dürfen alle mitessen und werden satt. Thomas fühlt sich der Tradition verpflichtet, weiß aber, dass er einen Teil seines Erfolges der Kommunikation verdankt. Schade eigentlich – auch beim Haxen-Reichert könnte nach der dritten Generation Schluss sein. Ob es eine vierte geben wird, steht noch in den Sternen. Womit wir wieder beim größten Sargnagel für die Handwerksmetzger angekommen wären: Es gibt kaum noch geneigte und geeignete Nachfolger.

Die Generation, die wie Thomas und ich in den 1970er-, 1980er-Jahren groß geworden ist, hat miterlebt, was es heißt, einen

Familienbetrieb am Laufen zu halten. Eltern zu haben, die von morgens früh bis abends spät am Arbeiten waren. Doch der Bruch deutete sich damals schon an. Mit der Bildungsexpansion der 1970er-Jahre, mit Bafög und Billigflügen gab's weiß Gott bessere Möglichkeiten, den Tag zu verbringen. Nur Wahnsinnige konnten freiwillig morgens um fünf im Metzgerkittel in der Wurstküche stehen.

In die Restaurants und Fußgängerzonen zog die Globalisierung ein. Tiramisu und Tomate-Mozzarella tauchten in den Pizzerien auf der Speisekarte auf. Wo früher »Zum goldenen Hirschen« an der Fassade prangte, hieß es jetzt »Mykonos« und »Balkan-Grill«. Die Zahl der Restaurants mit griechischer, italienischer, jugoslawischer, türkischer oder spanischer Küche verdoppelte sich in nur zehn Jahren[40]. Gyros und Zaziki, Cevapcici und Döner wurden zum festen Bestandteil der Großstadtküche. Wie das Fast Food, das in den 1980er-Jahren einen Boom erlebte, dank Mikrowelle und Tiefkühlpizzen, Burgern und Pommes und einer rapide steigenden Zahl von Singles, die sich davon ernährten. Die Deutschen verdrücken weit über 300.000 Tonnen Fertigpizzen im Jahr.[41]

Durch die Abflughalle des Flughafens zog sich eine endlose Reihe von Cafés, Bistros, Bars, Restaurants, die *Quickers* und *Take Off Food Corner* heißen, *Gosch*, *Starbucks* und *Häägen Dazs*, und immer so weiter bis ans Ende der Welt.

Großflughäfen sind heute als Airport getarnte Shoppingmalls. 70 Millionen Passagiere wurden im Jahr 2019 auf dem Frankfurter Flughafen gezählt.[42] Macht 70 Millionen hungrige Münder. Rechnet man die Bringer und Abholer noch dazu, sind es noch etliche tausend Münder mehr.

Vom Warenangebot her macht es keinen Unterschied, ob man durch den Rhein-Main-Flughafen schlendert oder durch Frankfurts Vorzeigemall MyZeil. *Foodtopia* haben die Marketing-Heinis die Fressmeile im MyZeil getauft. Wenn so die Zukunft des Essens aussieht, dann Prost Mahlzeit! In jedem Einkaufszentrum gibt es mittlerweile das Gleiche. Shoppen und essen, dann noch mehr shoppen, um danach noch was zu essen.

Ganze Tage lassen sich in den klimatisierten Centern und Malls der Republik verplempern mit dem, was jetzt Erlebniseinkauf heißt und die Innenstädte veröden lässt, in denen kein normaler Einzelhändler, geschweige denn Handwerksmetzger noch mithalten kann mit dem ganzen Erlebnishunger. Echten Hunger kannte noch unser Vater, als Kriegskind. Das hatte mit Erlebnis gar nichts zu tun. Mehr mit Elend.

Was in den Flughäfen und Fußgängerzonen an Erlebnis- und Genusswelten inszeniert wird, ist vom Handwerk der Metzger, Bäcker, Köche oft so weit entfernt wie H&M von Haute Couture. Da kommt zusammen, was zusammengehört. Die billig produzierte Massenmode und die Sandwiches, die von Heidelberg bis Hongkong gleich schmecken und vermutlich auch den ganzen Weg geflogen werden. Auf Plakaten werden die Billigklamotten edel inszeniert, und auch das ganze Convenience-Futter tut so, als wäre es handgemacht. Auch hier isst das Auge mit. Nur knabbert das Auge was ganz anderes als das, was der erlebnishungrige Kunde in sich reinstopft. Mittlerweile hat sich der Flächenanteil der Gastronomie in den Einkaufszentren fast verdoppelt.[43] So geht es immer weiter mit den gigantischen Fressmeilen. Weltweit. In Dubai gibt es eine Mall mit Skipiste, am Alexanderplatz in Berlin wurde ein Center mit Surfwelle und Skydiving geplant. Der Hamburger FoodSky bietet alles, was das Trendesser-Herz begehrt. Am Flughafen in Zürich entstand The Circle, eine Mall wie eine kleine Stadt mit Wohnanlagen und Kulturangeboten.

Was haben die Metzger dem heute noch entgegenzusetzen? Beim Metzgermeister gibt es keine Klassenunterschiede und Dünkel. Die Welt wird immer digitaler, und gleichzeitig sehnen sich viele nach echten Erlebnissen und Orten, die nicht künstlich aufgedonnert wurden, und Menschen, die keine Darsteller von irgendwas sind, sondern wahrhaftig für etwas stehen, was es eben nicht (mehr) an jeder Ecke gibt.

Thomas scannte die hell erleuchteten Futterkrippen ab, die an jeder Ecke des Flughafens kalorienarme Wraps, fettreduzierte Bagels und überzuckerte Donuts anboten. Ich meinte in seinen Augen so etwas wie die Faszination des Grauens zu erkennen. Der Metzgermeister staunte, wie sehr die schöne neue Shoppingwelt versuchte, die Atmosphäre früherer Handwerksbetriebe zu imitieren. Die Fake-Atmosphäre der Fressstände machte ihn sichtlich traurig. Die Leute konnten das alles in echt haben, nur halt ohne kostenlosen Parkplatz im Keller und der längsten Rolltreppe der Welt.

Wir lehnten stumm an einem Stehtisch der Cafébar Travelbabs. Die Ruhe und Gelassenheit, die mein Bruder ausstrahlte, beruhigte mich ein wenig. Miteinander schweigen zu können war eine Fähigkeit, bei der es vor allem die Männer in unserer Familie zur Meisterschaft gebracht hatten. Ich biss in ein warmes, etwas labbriges Croissant, aus dem lauwarme Schokolade tropfte. Metzger frühstücken süß, eine Angewohnheit, die ich mir bis heute, obwohl ich nicht den ganzen Tag Würste rolle und Frikadellen knete, nicht abgewöhnen kann.

Die Frau, die uns mit unaufdringlich einnehmendem Lächeln den Tee servierte, hieß nicht Babs, Babsi oder Barbara, sie hieß Jane, so stand es auf ihrem Namensschild. Diese verdammten Plastikteile stellten eine einseitige Nähe her und suggerierten eine subtile einseitige Verfügbarkeit. Jane schmiss das Travelbabs mit für diese Uhrzeit beindruckendem, aufrichtigem Engagement und verlieh ihrem Job eine erstaunliche Würde. Das imponierte mir.

Unsere Reise nach Helgoland hatte gerade erst begonnen, und auch hier konnte man unser über Jahrtausende eingeübtes Gruppenverhalten sehr gut studieren. Der Mensch kennt den Herdentrieb. Geduldig reihten wir uns in die Schlange in Terminal 1, Halle A des Frankfurter Flughafens ein.

Wir luden unsere Jacken, Mobiltelefone, Gürtel und den Rucksack mit Willi in eine graue Plastikwanne. Mein Bruder fixierte einen mit mächtigen Muskeln bepackten Security-Mann, dem die Schweißperlen von der Stirn in die Augen rannen. Der Sicherheitsdienstler trug den bei Bodybuildingfans unvermeidbaren Undercut, der schon bei der Hitlerjugend sehr beliebt war und heute bei Fußballprofis, Kraftsportlern und Türstehern ein modisches Muss ist. Aus den Ärmeln und dem Kragen seines Hemdes krabbelten quietschbunte Tattoos. Als der Muskelmann mit dem Metalldetektor meinen Bruder erspähte, huschte ein gezwungenes Lächeln über seine schweißig glänzenden Backen. Eine Art Verlegenheit war zu spüren, die man bei Menschen bemerkt, denen es peinlich ist, dass man ihnen in einer bestimmten Situation an einem bestimmten Ort begegnet. Der Mann wirkte, als hätten wir ihn im Swingerklub erwischt.

»Langnet gsehe …«, hesselte der Stiernacken, der Frank hieß, wie Thomas mir zumurmelte.

»Neuer Job?«, erkundigte sich mein Bruder mäßig interessiert. Frank nickte: »Die Worschtküch … des schwere Hebe …«

»… un des frühe Uffstehe erst«, schnitt ihm Thomas den Satz ab. Für ehemalige Gesellen, die sich heute als Security-Sheriffs die Beine in den Bauch standen, hatte ein Metzgermeister wenig Mitleid. Frank winkte uns verlegen durch.

»Der Faulpelz ist irgendwann einfach nicht mehr gekommen. Ohne Kündigung, ohne Bescheid zu sagen. Beschwert sich über schweres Heben und drückt im Studio 200-Kilo-Langhanteln. Du bekommst heute für diesen Job keine gescheiten Leute mehr«, bemerkte Thomas beim Gehen.

Wir stapften gemächlich durch den Rüssel in den Flieger, betteten Willi in seinem Rucksack ins Handgepäck über unseren Köpfen und zwängten unsere langen Beine unter die Vordersitze. Unser Flugzeug kroch langsam Richtung Startbahn und die Flugbegleiterinnen und Begleiter stellten sich in Position, um die Sicherheitschoreografie abzuspulen.

»Na, die würde ich auch für die heiße Theke nehmen«, flüsterte Thomas. Das musste eine Art Berufskrankheit von Metzgern sein, hervorgerufen durch den chronischen Personalmangel in der Branche. Andere Menschen werden schon mal danach beurteilt, ob sie im Betrieb ihren Mann oder ihre Frau stehen könnten. Metzger sind beim Verteilen von Komplimenten nicht gerade zimperlich und werden deshalb auch schon mal missverstanden. Ob unsere Stewardess die Einschätzung meines Bruders als Kompliment aufgefasst hätte, wage ich zu bezweifeln. Es war auf jeden Fall als Kompliment gemeint. Auch unser Vater hat die Freundinnen von Thomas immer danach beurteilt, ob sie ins Geschäft passen würden. Unsere Stewardess hätte diese Prüfung locker bestanden.

»Hühnchenbrust oder Käse?« Wenn die Flugbegleiterin wüsste, dass sich in dieser Frage ein ganzes Universum versteckte. Die wenigsten Menschen machen sich Gedanken darüber, wie das Sandwich den Weg in den Trolley findet und wie viel Tonnen Hühnchen- und Putenbrust in der Luft aufgegessen werden und wie diese Nahrung zu dem wird, was der Fluggast aus der Plastikfolie pult.[44] Es sind Millionen Hühner und Puten, die so am Ende doch noch fliegen lernen.

Als weltweit größter Anbieter produziert die Lufthansa-Tochter LSG Sky Chefs mehr als 500 Millionen Mahlzeiten im Jahr.[45]

Über den Wolken verbreitert sich die Kluft zwischen den Premiumessern und Billigfutterpassagieren genauso schnell wie auf dem Boden. Während für die einen prominente Chefköche mit regionalen und saisonalen Spezialitäten die Tellerchen dekorieren, bleibt es für die anderen bei Chicken oder Pasta mit Salat und Brötchen.

Kaum zwei Stunden später schlenderten wir in Hamburg an der Elbe entlang. Die Fischauktionshalle auf St. Pauli hatte man schon in den 1980er-Jahren zu einer Multi-Event-Location umgemodelt, die man für Firmenfeiern mieten konnte und in der Ende September die Maßkrüge schepperten. *Feiern wie die Bayern* stand auf einem alten Plakat. Nicht mal mehr in Hamburg war man vor dem Oktoberfest sicher. Für unseren Vater Willi war dieser Oktoberfestboom ein Albtraum. Zünftig, erdig, traditionell und vor allem echt, so hatte unser Vater seine Metzgerei geführt und seine Feste organisiert. Für ihn gab es nur die Wiesn in München und sein Haxen-Reichert-Oktoberfest in Frankfurt.

Über den Fischmarkt quälten sich am Sonntagmorgen in aller Früh die Touris, um sich von den Buden und Foodtruckbetreibern anschnauzen zu lassen. Ein paar Schritte die Große Elbstraße runter ist man umzingelt von allerlei Szenegastronomie. Wir standen vor dem neuesten Auswuchs des grassierenden So-tun-als-ob-Geschäftsmodells, mit dem Supermärkte ebenso wie findige Food-Unternehmer den Kunden vorgaukeln, ihr Angebot hätte was mit Tradition zu tun.

Außer Burgern wird hier vor allem Gefühl verkauft. »Beefburger Spiceman, Beefburger Spicebitch, Beefburger Spicekid …«, mein Bruder rezitierte die Speisekarte, die in Burger für Männer, Frauen und Kinder unterteilt war. Thomas las die Namen unter der Rubrik She-Burger vor: »Bang-Burger, Boom-Burger und für die Vegetarierin Flower-Burger?«

Sollte darin die Zukunft der Metzgerzunft liegen? Es gibt mittlerweile sogar Ketten, die das Metzgerhandwerk vermeintlich perfekt imitieren. Sie stellen einen Fleisch-Humidor in den Laden, damit die Kunden das Fleisch beim Reifen beobachten können, und bieten dazu noch eine Bühne, auf der hippe Metzgerdarsteller als Trendsetter Hackebeil und Messer schwingen. Es gibt dann Schlachterbrunch in Bioqualität vom Lavasteingrill.

All die Burger-Hipster stürzten Thomas in einen Gewissenskonflikt. Einerseits fand er das Getue albern, andererseits freute er sich über jeden, der die Fahne des Handwerks hochhielt.

»Hat der Zirkus hier noch was mit Metzgerhandwerk zu tun?«, wollte ich von meinem Bruder wissen, der mit der Atmosphäre fremdelte.

Thomas nickte: »Ja, er gehört dazu. Wir können auf keinen verzichten. Ich kann mir vorstellen, dass der Laden hier eine Goldgrube ist.«

Ich schaute mich um und stellte mir vor, wie mein Bruder sich galoppierende Rinderherden auf die Oberarme tätowieren lässt: »Ist doch ein ganz lukratives Geschäftsmodell?«

Als hätte er meine Gedanken gelesen, lachte mein Bruder: »Es gibt zwar immer weniger Betriebe, aber die, die es (noch) packen, nagen nicht am Hungertuch. Unser Handwerk setzt fast 17 Milliarden Euro im Jahr um.«[46] Die Qualität in dem schmucken Laden stimmte, die Preise waren horrend, und das Chichi nervte.

Marketingedöns hielten Metzger mal grundsätzlich für Geldverschwendung. »Halbschuhmetzger« war zu Zeiten unseres Vaters eine gern genutzte Beleidigung. Ein richtiger Metzger trug Gummistiefel und hatte morgens um sechs in der Wurstküche zu stehen. Halbschuhmetzger galten als Bürohocker und damit als Faulenzer.

Unser Vater hätte nie einem dieser Marketinggenies auch nur einen Euro hinterhergeworfen. Er war sein eigener Brandmanager, und zur Not hat er sich schnell einen Firmennamen und eine eigene Sub-Copy gezimmert: Auf »Haxen-Reichert! Typisch bayerisch – Typisch Reichert« muss man erst mal kommen, so weit ab vom weiß-blauen Himmel über Bayern in einem zugerußten Frankfurter Vorort.

Jetzt ruhte Willi friedlich in seiner Urne, die Hipstermetzger waren ihm erspart geblieben. Es wurde Zeit für die letzte Überfahrt. Die »Halunder« wartete leicht schwankend am Steg. Auch das passte ja irgendwie zu unserem Vater.

Der Katamaran fasste über 680 Passagiere, davon 100 in der Premium Class, und schipperte in unter dreieinhalb Stunden von den St.-Pauli-Landungsbrücken bis direkt zu den Hummerbuden der Insel. Die 12.000 PS kurbelten die »Halunder« auf bis zu 60 km/h hoch. Die bequemen Sessel der Premium-Klasse waren fast leer, sodass unser Vater sogar einen eigenen Sitzplatz bekam.

Die letzte Überfahrt führte Willi nicht über den Hades, sondern die Elbe runter. Bis zur Kugelbake, wie der Übergang der Elbe ins Meer offiziell heißt, verlief die flotte Fahrt ruhig. Wir bestellten uns ein Mozzarella-Baguette, und ich staunte nicht schlecht, dass die Dinger von der berühmten Sansibar auf Sylt auf die »Halunder« geliefert worden waren. Die gekreuzten Piratenschwerter des Sansibar-Logos verzierten die Speisekarte. »Food-Merchandising«, erklärte mein Bruder traurig. Ich spürte, dass es im Moment besser war, nicht nachzufragen, was das jetzt wieder für ein Trend war.

Ab Cuxhaven verfinsterte sich unsere Stimmung. Die Wolkendecke und das Meer verschmolzen zu einer schmutzig grauen Suppe.

»Das war eine Scheißidee!« Thomas starrte hinaus auf die mächtigen Nordseewellen, über die die »Halunder« mühelos Richtung Helgoland surfte.

»Stimmt«, gab ich ohne Widerrede zu. Das graue Nichts hinter den Scheiben der Premium Class deprimierte mich genauso wie meinen Bruder. Der Asche von Willi war es wahrscheinlich egal, wo sie in den ewigen Kreislauf der Natur eingespeist wurde. Bei mir löste die Vorstellung, unseren Vater auf Helgoland ins Wasser zu kippen, auf einmal eine unerklärliche Panik aus. War das der Abschiedsschmerz, weil es nun wirklich bald hieß, für immer loszulassen? Oder war das Teil der Seekrankheit, die das Geschaukel in meinem Körperinnern auszulösen begann? Die Halunder hüpfte mittlerweile von Welle zu Welle, und mit jedem Satz wurde unsere Stimmung düsterer. Passend dazu zog sich der Himmel immer weiter zu.

»Scheiße«, wiederholte mein Bruder und brachte damit die Gesamtsituation auf den Punkt.

»Ich wollte doch nur …«, stammelte ich und geriet direkt in die Großer-Bruder-kleiner-Bruder-Zeitschleife. Mein Bruder übrigens auch.

»Ich weiß genau, was du wolltest.« Thomas hob seine Stimme und legte in übertrieben wagnerianischem Tonfall nach: »Einmal noch das große heile Familiengefühl heraufbeschwören und dann unseren Vater feierlich im Meer versenken.«

Beim Anlegen der »Halunder« schallte aus den Lautsprechern der Premium Class der Song *Katamaran* von Hans Hartz. Ich hätte die Fanfare aus *Pirates of the Caribbean* aufgelegt, wollte aber keinen Streit mit der Besatzung über die geeignete Playlist für die Seereise nach Helgoland anfangen. Eine freundliche, vom Salz der Nordseeluft gepökelte Stimme wünschte uns einen schönen Tag auf der Insel. Für Tagesgäste wurde noch einmal daran erinnert, pünktlich um 17 Uhr wieder am Pier zu sein und darauf zu achten, dass alle Familienmitglieder wieder mit an Bord gingen. »Die Helgoländer werfen abends alle Touristen ohne Zimmerbuchung ins Meer«, scherzte ein freundlicher Seemann. Leider konnte ich nicht darüber lachen, trug ich doch den Einzigen, der heute im Meer landen würde, unter dem Arm. Ich warf einen verstohlenen Blick auf die Urne. Meldete sich da ein Schuldgefühl, oder war das da in meinem Bauch immer noch leichtes Magengrummeln wegen des Seegangs?

Die Matrosen befestigten die Gangway der »Halunder« am Pier, und mein Bruder, Willi und ich warteten darauf, den Katamaran verlassen zu können. Die ersten Schritte auf festem Boden nach der rauen Überfahrt waren erstaunlich wackelig. Wir schwankten wie zwei Seebären, die nach Wochen auf See endlich wieder Landgang hatten. Vielleicht ließ uns aber auch die Unsicherheit wanken. Ich fragte mich, ob wir mit Willi auf dem richtigen Weg waren. Da mein Bruder als bodenständiger Handwerker mit dieser Art Symbolik nichts anfangen konnte, verschwieg ich ihm meine Gedanken. Meine Unsicherheit war dabei, sich zu ausgewachsenen Gewissensbissen aufzuplustern.

Der Wind auf Helgoland hatte Orkanstärke. Da bei diesem Wetter die Gefahr bestand, mit der Asche unseres Vaters ins Meer geweht zu werden, suchten wir erst mal Schutz in der *Bunten Kuh*. Die *Bunte Kuh* war ein Restaurant in einer der kleinen farbenfrohen Katen in der Hafenstraße. Vor der Tür stand eine lebensgroße bunte Kuhfigur und reckte ihre Hörner den Touristen zur Begrüßung entgegen. Es ist genau die Art Skulptur, für die sich die Mitarbeiter von Tourismusbüros den Ausdruck Kuhnst einfallen ließen. Die Figur war scheußlich.

Unserem Vater Willi hätte sie gefallen. Egal wohin ihn seine seltenen Reisen führten, immer hielt er Ausschau nach Metzgerei- oder Kneipenschildern mit Kühen oder Schweinen. Die Kuhnst wäre genau nach seinem Geschmack gewesen. Mein Bruder gähnte. Metzgereien, Kühe und Schweine interessierten ihn auf Reisen kein bisschen und schon gar nicht im Moment. Die *Bunte Kuh* war ein gutbürgerliches Lokal, viel Holz war hier verbaut worden, es gab Bilder mit Wellen und Segelschiffen. Blickfang war ein dickes goldfarbenes Rohr, das sich u-förmig von der Decke abwärts über den Tresen schlängelte und an dem vier Zapfhähne angelötet waren. Mit viel Fantasie fühlte man sich wie im Bauch eines Schiffes.

Für einen Moment dachte ich über das Wort *gutbürgerlich* nach. Dieser Begriff charakterisierte nicht nur Restaurants wie die *Bunte Kuh* perfekt, er beschrieb auch einen wesentlichen Charakterzug meines Vaters. Wenn Willi eins war, dann gutbürgerlich.

Der Kellner unterbrach meine Gedanken und begrüßte uns mit einem kurzen »Moin«, während er die Speisekarten auf den Tisch legte.

Thomas blätterte lustlos drauflos und bereute offensichtlich weiterhin, sich auf den Deal mit der Helgoland-Tour eingelassen zu haben.

»Den haben sie doch einen Kopf kürzer gemacht«, brummelte er vor sich hin.

»Wen?« Ich musste mir Mühe geben, um irgendwie wieder das Gespräch in Gang zu bringen.

»Na, den Klaus.«

Manchmal half schon eine Kleinigkeit, um das Eis zum Schmelzen zu bringen. Meinem Bruder gefiel, was er da in der Speisekarte las.

Die *Bunte Kuh* war kein gelungener Klon der Lila Kuh, sie war überhaupt keine Kuh, sondern ein Schiff. Die Hansekogge mit Namen *Bunte Kuh* versenkte 1401 die Piratenflotte von Klaus Störtebeker vor Helgoland und brachte den Freibeuter nach Hamburg, wo er in der Hafen-City, die damals noch Grasbrook hieß, enthauptet wurde.

»Fällt dir was auf? Egal, worüber wir reden, wir landen immer beim Tod«, fragte ich meinen Bruder, der die einleitende Geschichte auf der Speisekarte vorlas.

»Mann, Mann, Mann! Bevor wir geboren werden, sind wir tot, wenn wir gestorben sind, sind wir tot, da muss ich doch nicht auch noch dazwischen ständig an den Tod denken.«

»Du bringst ständig Tiere um und denkst nicht über den Tod nach?«

»Selten, aber im Moment schon.« Mein Bruder deutete auf die Tasche mit der Urne, die neben mir auf dem Stuhl lag.

»Wir schleppen unseren toten Vater mit uns rum und werden ihn gleich ins Meer streuen. Ich will das aber gar nicht.«

»Aber da ist nur tote Asche drin.«

Mein Bruder hob die Urne hoch und stellte sie auf den Tisch.

»Wann hast du das letzte Mal einen ganzen Tag mit unserem Vater verbracht, ich meine, als er noch gelebt hat?«

Trauer muss man sich vorstellen wie die Gezeiten des Meeres. Mal war Ebbe, dann waren der Schmerz, die Sehnsucht und die Traurigkeit ganz weit weg. Nach der Frage meines Bruders kam die Flut. Ich schaffte es gerade noch, mich an Land zu retten.

»Die Hamburger haben ihre Hanse, und ihr Metzger habt eure Innung. Bist du da eigentlich noch der Chef?«

Auch das hatte eine lange Tradition in unserer Familie. Große Gefühle, und die kleinen auch, werden vermieden, verdrängt, weggeschoben oder einfach ignoriert. Um nicht dahin gehen zu müssen, wo es wirklich wehtun könnte, redeten mein Bruder und ich lieber über das Geschäft oder noch besser über die Zunft, die ja auch eine Art große Familie war, wie die Metzger nicht müde wurden sich einzureden.

»Ja, aber nur noch eine Amtszeit.«

Mein Bruder war heilfroh, dass wir die Klippe, hinter der die Verletzungen der Kindheit lauerten, für den Moment elegant umschiffen konnten.

»Ja, dann darf mal ein anderer den Obermeister geben«, stimmte ich Thomas zu und räumte Willi wieder zurück in seinen Rucksack.

Mein Bruder bestellte das Schollenfilet »Bunte Kuh«, gebratene Schollenfilets mit Ragout von Eismeerkrabben, Champignon-Krebssoße und Salzkartoffeln. Da es sich ja im Grunde um eine Art Leichenschmaus für einen Metzgermeister handelte, fand ich es unangemessen, Fisch zu bestellen. Ich hielt aber meinen Mund, da ich nicht wieder vom Tod anfangen wollte.

Ein bisschen aus Trotz und um den Fauxpas meines Bruders wiedergutzumachen, orderte ich den Steakteller »Bunte Kuh«, drei Schweinemedaillons mit Spiegelei, grünen Bohnen und Bratkartoffeln.

»Na super …«, amüsierte sich mein Bruder, »… auf dem Steakteller ›Bunte Kuh‹ liegt Schwein. Als Innungspräsident müsste ich da eigentlich einschreiten!«

»Ach komm, die Bunte Kuh war ein Schiff.«

»Na und, gerade junge Verbraucher könnten durch den Ausdruck Bunte Kuh verunsichert werden.«

Mein Bruder liebte diese Art Scherze. Als Mann der Tat und

Junge aus dem Volk machte er sich ständig lustig über jede Art von Behördendeutsch und Beamtensprache. Auf Formularen, auf denen nach dem Beruf gefragt wird, stand bei Thomas: Gewerbsmäßiger In-Verkehr-Bringer von Lebensmitteln.

»Lass uns doch noch rüber ins Insel-Museum gehen«, schlug ich vor.

Das Wetter war mies, und ich hatte vor, jede Gelegenheit zu nutzen, den Abschied von unserem Vater hinauszuzögern.

»Auf keinen Fall, Willi war nie im Museum, und er geht auch jetzt nicht.«

Unser Vater hatte in seinem ganzen Leben kein einziges Mal ein Museum betreten. Willi war im wahrsten Sinne des Wortes Handwerker. Wenn Denken nicht in irgendeiner Aktion mündete, die man mit den Händen ausführen musste, dann war das einfach nicht sein Ding. Und Museen waren gleich gar nicht sein Ding. Dafür, dass sein jüngster Sohn zwei linke Hände hatte, hat er sich immer ein bisschen geschämt. Manchmal hatte ich das Gefühl, meine Familie war der einzige Ort, an dem man für Bildung verachtet wurde.

»Ach komm, vom ersten Helgoländer bis heute kann man sich da alles anschauen.«

»Ohne mich und Willi«, sagte mein Bruder in dem Ton, in dem ein Chef jede Diskussion beendet. Thomas vertiefte sich in seine Schollenfilets, und ich probierte die Schweinemedaillons. Sie schmeckten gut.

Die Vögel auf der Insel erinnerten mich an einen Hitchcock-Streifen, was übertrieben war. Angriffe der Lummen auf Menschen waren bisher nicht bekannt geworden.

Diese Vögel huschten fröhlich durch den Meerfenchel und Klippenkohl des Oberlandes und sahen auf den ersten Blick aus wie abgebrochene Pinguine. Sie nisteten auf den schroffen Vorsprüngen des Lummenfelsens und brüteten dort ihren Nachwuchs aus. »Jedes Jahr im Juni stürzen sich die Jungvögel aus den Nestern in die Tiefe«, las ich auf einem Hinweisschild. Der Lummensprung gehört zu den Attraktionen der Insel. Auch Willi würde gleich so eine Art Lummensprung vollführen. Wenn auch eher unfreiwillig.

Merkwürdig, was mir auf dem Weg, der ja eigentlich ein Totenweg war, alles durch den Kopf ging. Ich hatte das Gefühl, dass sich alles in mir wehrte, an den Abschied von meinem Vater auch nur eine Sekunde zu denken.

Es gibt Situationen im Leben, die kann man nur aushalten. Da helfen keine Worte, keine Tabletten und kein Alkohol. Was hilft, sind Menschen, die in solchen Situationen nicht davonlaufen.

Unsere Zwei-Mann-Trauerprozession bewegte sich langsam Richtung Norden. Es hatte aufgehört zu regnen, und auch der Wind blies uns nicht mehr so heftig in die Gesichter. Wir schwiegen und hielten unsere Trauer aus. Ab und zu wehte eine Böe über das Oberland. Wir stemmten uns gegen den Wind und den aufwallenden Abschiedsschmerz.

Es waren jetzt nur noch ein paar Schritte bis an den Rand der Klippen. Hinter der Langen Anna wartete nun die Nordsee auf unseren Vater. Thomas und ich standen am Rand der Klippen und starrten auf die unruhige See.

Mein Bruder sah mich von der Seite an und wartete auf eine Regung, die ihm signalisieren würde, dass es so weit war. Thomas wollte den Rucksack nehmen, aber ich weigerte mich, ihn herzugeben. Ich hielt ihn fest umschlungen, so wie mein Vater mich damals auf dem Schiff gehalten hatte, als ich noch ganz klein war. Ich suchte nach dieser Erinnerung. Fand sie aber nicht.

Mein Bruder griff sich den Rucksack und holte die Urne mit der Asche unseres Vaters ans Tageslicht.

»Willi hätte das gefallen«, beruhigte er uns.

»Hmm, bist du sicher?«, räusperte ich mich und legte meine Hand auf die Urne, die er sorgsam in seinen Armen hielt.

»Nein«, antwortete er und drehte den Deckel der Urne auf.

Wir blickten auf die grauschwarze Asche.

»Mach du!«

Es schien, als wäre die Urne in meinen Händen festgewachsen. Zum ersten Mal seit unserer Ankunft auf Helgoland waren meine Gedanken klar und bei meinem Vater. Er war ein erfolgreicher Metzger und Geschäftsmann, aber er war ein schlechter Vater, vielleicht auch deshalb, weil er selbst nie erfahren hatte, was einen guten Vater ausmacht. Hans war als Opa herzlich und großzügig. Zu seinem Sohn war er schroff und abweisend. Er konnte nicht liebevoll sein, weil er zu viele Verluste erlitten hatte. Aus Angst, seine Lieben zu verlieren, traute er sich nicht, seine Gefühle zu zeigen. Meine Psychoanalytikerin wäre an dieser Stelle stolz auf mich, dachte ich.

Mein Vater war ein Kriegskind[47], geboren 1939. Sein Vater, mein Opa Hans, war als einziger Mann aus seiner Familie nicht an der Front. Zwei Brüder und ein Schwager von Opa Hans waren dortgeblieben. Sie starben an der Ostfront. Die Familie hat niemals erfahren, wo sie begraben sind. Darüber wurde nie gesprochen, aber die Trauer und der Schmerz, den der Krieg in unserer Familie hinterlassen hatte, waren immer spürbar, auch wenn mir erst oben auf den Klippen bewusst wurde, was dieses Trauma in unserer Familie angerichtet hatte.

»Ich kann das nicht.« Ich hielt meinen Vater in den Händen und brachte es nicht übers Herz, mich von ihm zu trennen. Es begann wieder zu regnen. Der Regen wusch uns die Tränen aus den Gesichtern.

»Komm«, sagte mein Bruder. »Wir nehmen ihn wieder mit.«

Als wir uns dem Hafen im Unterland näherten und die »Halunder« in Sichtweite kam, brach der Sturm so richtig los. Mein Bruder und ich rannten und erlebten einen Moment großen Glücks. Vielleicht sollte man öfter mal einen Toten von der Beerdigung einfach wieder mitnehmen. Ich dachte an die Bomben der Briten. Zweimal hatten sie versucht, Helgoland im Meer zu versenken. 6.700 Tonnen Sprengstoff, die größte nicht nukleare Sprengung, um die militärischen Bunkeranlagen zu zerstören, wurden 1947 gezündet, und als der Rauch sich verzogen hatte, war die Insel immer noch da. Zum Glück. Nach den wunderbaren Tagen unserer Kindheit hatte Helgoland unserer Familie einen weiteren glücklichen Augenblick geschenkt.

Die »Halunder« flog über die Wellen zurück Richtung Hamburg. Der Sturm konnte unserem Katamaran nichts anhaben.

Mit jeder Seemeile, die wir uns von Helgoland entfernten, klarte der Himmel auf und mit ihm unser Gemütszustand. Der Wind auf der Insel hatte uns die Haare zerzaust und die Klamotten durchgepustet, die gescheiterte Urnenleerung hatte unser Innenleben kräftig durchgewirbelt. Ich schaute durch die Scheiben der »Halunder« nach draußen. Am Glas floss zäh das Spritzwasser der Gischt runter. Die Wassertropfen erinnerten mich noch einmal an unsere gemeinsame Kindheit. Unsere tiefe Verbundenheit zeigte sich schon damals, als wir noch kleine Jungs waren. Im Gegensatz zu mir hat unser Vater Thomas öfter mal eine hinter die Ohren gehauen. Mein großer Bruder stand dann nur da, mit vor Wut bebender Unterlippe, und hat mit aller Macht seine Tränen unterdrückt, und ich stand daneben und habe Rotz und Wasser geheult. Bis heute funktioniert zwischen ihm und mir eine Art unausgesprochene Arbeitsteilung. Er der Macher und ich der Denker. Willi, Opa Hans und Thomas würden sagen: Theoretiker. Die Ähnlichkeit zwischen meinem Bruder Thomas und unserem Vater und Großvater war verblüffend. Doch zu den Eigenschaften, die wir von unseren Vorfahren geerbt hatten, wie zum Beispiel Eigenverantwortung und Durchsetzungsvermögen, erkannte ich bei Thomas noch etwas, was ich von Willi und Opa Hans nicht kannte. Er dachte über die eigene Scholle, den eigenen Hackklotz hinaus. Sein Blick von hinter der Fleischtheke auf die Welt war deutlich näher am Leben als so mancher Blick von Politikern und Journalisten.

Thomas hatte die Idee, Willi noch einmal in seinen heiligen Hallen übernachten zu lassen. Wir trugen die Urne in die Vesperstube im Stammhaus in der Brüningstraße. Dieser ehemals an den Laden grenzende Raum wuchs im Lauf der Jahre zu einer Art Willi-Museum heran. Die Fotografien an den Wänden lassen drei Generationen Familiengeschichte aufleben.

Der Familienschatz, das Foto mit Hans Reichert, seinen Geschwistern und seinen Eltern vor dem Bauernhaus in Großallmerspann hängt hier immer noch an der Wand. Helene, Fränze, Maja und die anderen Frauen wirken auf dem Foto bescheiden, fast ein bisschen untertänig. Auf jeden Fall sehen sie nicht so aus, als hätten sie von den Aktivitäten Rosa Luxemburgs in Berlin auch nur einen blassen Schimmer gehabt.

Oma ist auf zwei Bildern zu sehen. Auf einem lächelt sie pausbäckig mit glänzenden Wangen in die Kamera. Das kleine Mädchen vor ihr mit der Schleife im Haar war ihre Tochter Brigitte, und der dünne Gurkenkopf daneben war unser Vater Willi. Es beruhigt mich, dass er als Kind auch ein dünner Hering war.

Opa Hans und Oma Friedel, Brigitte und Willichen.

Die zweite Fotografie zeigt den Metzgermeister Hans mit seinen Verkäuferinnen fröhlich hinter der Ladentheke. Eine davon war Oma. Nichts auf dem Bild deutet darauf hin, dass sie die Gattin des Chefs war.

Dafür, dass Schweine unser Schicksal waren, gab es nur sehr wenige Fotos, auf denen einer von uns mit einem dieser Tiere zu sehen war. Nur auf einem einzigen Foto im Willi-Museum ist ein Schwein zu erkennen. Das Tier liegt in einem Holztrog, und mein Teenagervater bearbeitet es mit der Glocke. Er lacht begeistert in die Kamera.

Wir holten die Urne mit Willi aus dem Rucksack und stellten sie an das Kopfende des Tisches, an dem er jeden Tag sein Mittagsnickerchen gehalten hatte. Unser Vater konnte überall einschlafen. Er verschränkte einfach seine Arme vor sich auf der weiß-blauen Tischdecke, vergrub den Kopf in einem der Ellbogen – und schon schnarchte er davon. Schlaf gut, Willi.

8

DIE GANZE WAHRHEIT IST DAS GEHEIMNIS

Wer weiß, wie geschlachtet wird, kennt die Wurst und die Welt

Es ist ein herrlich sonniger Tag im Rheingau. Ein leichter Wind bewegt die Weinreben und lässt die jungen Trauben sanft hin und her schaukeln. Der Franßenhof scheint nur darauf zu warten, für die nächste »Landlust« fotografiert zu werden. Inmitten dieser Idylle aus Fachwerk, Heuschober, Misthaufen und herumbummelnden Hühnern soll ich nun endlich den guten Engelbert in den Himmel befördern. Mein Bruder wetzt sein Messer, mit dem wir gleich nach dem Bolzenschuss dem Schwein in den Hals stechen werden. Eine große Schüssel steht bereit, um das warme Blut aufzufangen.

Engelbert ist aufgestanden. Das Tier wirkt ruhig und gelassen. Der Eber ist an Menschen gewöhnt. Er wundert sich auch nicht, dass ihn kein Gatter von den Umherstehenden trennt. Judith war regelmäßig mit Schulklassen in seinem Gehege, um den Kindern aus nächster Nähe zu zeigen, wie kräftig ein Eber werden kann und wie beeindruckend ein solches Tier wirkt, wenn kein Zaun mehr Mensch und Tier trennt. Engelbert schaut sich neugierig um. Das Gerät, an dem ich mich festklammere, scheint ihn nicht zu beunruhigen. Ich wundere mich, wie leicht der Bolzenschussapparat in meiner Hand liegt. Ich schließe die Augen und atme die warme Landluft ein, deren kuhfladiges Aroma mich jedes Mal innerhalb von Sekunden zuverlässig zurück nach Großallmerspann beamt. Ich bin wieder der kleine Junge auf dem Bauernhof.

»Knaargh!«

Ich kann dieses entsetzliche Geräusch bis heute in mir spüren. Mit dem Nachhall wabert Angst durch meinen Körper. Sie lässt mich schaudern und macht mich gleichzeitig wütend. Kann ich es, oder kann ich es nicht? Ich habe Mitleid mit Engelbert. Aber ich weiß, wenn ich wirklich Hunger hätte und mein Leben davon abhängen würde, ihn zu töten, dann könnte ich es.

Mein Bruder stellt sich dicht neben mich und flüstert: »Du musst nicht.«

Ich weiß, was mein Bruder mir sagen will. Es reicht, wenn er und seine Kolleginnen und Kollegen aus der Metzgerzunft das gut und sorgfältig und respektvoll erledigen. Wenn die Gesellschaft bereit wäre, an dieser Stelle hinzuschauen, das zu akzeptieren und zu respektieren, dann wären wir auf einem guten Weg. Ich bin mir sicher, dass wir dann anders mit dem Lebensmittel Fleisch und vor allem mit den Tieren umgehen würden. Ich möchte meinem Bruder aber zeigen, wie sehr wir verbunden sind, dass ich Teil der Familientradition bin und genau wie er auf den Schultern unserer Ahnen stehe.

Langsam lege ich Engelbert den Bolzenschussapparat auf die Stirn. Der Eber schaut mich neugierig an. Ich schließe die Augen und atme tief ein. Ein leichter Druck auf den Abzugshebel würde genügen, und es wäre überstanden. Ich zögere. Dann spüre ich, wie die Hand meines Bruders sich auf meine legt. Er drückt nur ganz leicht zu.

»Pfumbpp!«

Mir fiel es schwer, Engelbert zu töten, und ich habe das Gefühl, dass es okay ist, Gewissensbisse zu haben, das macht den Unterschied aus. Auch wenn mein stellvertretendes Zögern es den Profis wie meinem Bruder oder auch Judith nicht leichter macht, diesen schwierigen Job zu erledigen. Sie müssen auf eine gewisse Art hartgesotten sein, ohne dabei die Achtung vor den Tieren zu verlieren.

Die Frage, ob es moralisch vertretbar ist, Tiere zu töten, um an ihr Fleisch zu kommen, muss jeder für sich selbst beantworten. Ich glaube, es ist Teil unserer Kultur, und ich weiß, es ist Teil meiner Natur, Fleisch zu essen. Es gibt aber etwas, und da bin ich mir mit jedem Tierethiker einig: Wir müssen den Tieren Leid ersparen. Das gilt für ihre Aufzucht, für den Transport und auch für den Moment, wenn sie geschlachtet werden.

Viele Metzger achten schon lange auf die Herkunft und den Umgang mit den Tieren, ein Grund, dass das Fleisch in den Fachgeschäften teurer ist.

Im Verlauf der Geschichte haben sich immer wieder Philosophen mit der Frage beschäftigt, ob wir Tiere töten und essen dürfen.

Der Pudelfreund Schopenhauer wird da in der Regel gerne bemüht: »Die Menschen sind die Teufel der Erde und die Tiere die geplagten Seelen«, zitiert mein Bruder den großen Philosophen.

»Wenn Ihnen so was in einer Talkshow an den Kopf geworfen wird, dann wird's schwierig, sachlich zu bleiben. Da sitzt man dann gleich als Teufel mit auf dem Sofa. Was antworten Sie da?«

»Da hilft nur Vernunft«, baue ich eine Überleitung zu Immanuel Kant. Für Kant waren Tiere Sachen. »Dank ihrer Vernunft sind Menschen in der Lage, sich Gesetze zu geben und danach zu leben. Tiere können das nicht.«

Kant war trotzdem der Ansicht, dass wir die Tiere schützen müssen. Er war der Meinung, wer sich gegenüber Tieren grausam verhält, der macht das auch bei Menschen. Tierquälerei verroht den Menschen.

Für Descartes war die Sache klar. Tiere waren für ihn seelenlose Automaten – und fertig. In aufgeklärten Gesellschaften würde ihm das niemand mehr durchgehen lassen.

Als mein Bruder in einem Interview mit der FAZ[48] mal davon sprach, dass Tiere keine Seele hätten, brandete ein immenser Shitstorm bei ihm gegen die Ladentür. Für meinen Bruder gehören Seelen in die Abteilung Religion, man kann daran glauben, muss man aber nicht.

Essen ist leider in einigen meist urbanen Communitys zur Ersatzreligion mutiert. Ein blühendes Himmelreich soll auf Erden etabliert werden, und alle Lebewesen grasen dann friedlich nebeneinander eine Blumenwiese ab. Das ist natürlich eine böse Übertreibung, man kann aber schon den Eindruck gewinnen, je voller die Regale bei Alnatura, umso lauter scheppern die veganen Choräle. Man musss fest an eine Sache glauben, um sich auf diese neue Art Spiritualität einzulassen. Und so manch ein Veganer ist auf der Suche nach Erleuchtung schon vom Weg abgekommen und bei den Aluhüten gelandet.

Die Lager scheinen unversöhnlich gespalten, auf der einen

Seite wir tumben Fleischfresser, die dem Weltuntergang entgegengrillen. Auf der anderen Seite die hochanständigen, gebildeten Tofuesser (zwei Drittel der Anhänger dieser Ernährungsform sind Veganerinnen oder Vegetarierinnen), die uns verachten und zum Teufel wünschen. Was die moralisch überlegenen Tofu-Anhänger oft vergessen, daran erinnert der Ernährungspsychologe Christoph Klotter von der Hochschule Fulda: »Sozial schlechter gestellte Menschen können erstmals täglich Fleisch essen, das ist historisch eine Rarität. Bis nach dem Zweiten Weltkrieg war Fleisch absoluter Luxus. Deshalb ist Fleischkonsum für viele auch Teilhabe am allgemeinen Wohlstand.«[49]

Wer mit Vegetariern und Veganern über Tierethik streitet, dem fliegen gute Argumente um die Ohren. Zwar scheint es die Kunden vor den Fleischtheken der Supermärkte und Metzgereien nicht die Bohne zu interessieren, ob sie als Speziesisten[50] beschimpft werden, trotzdem sollte man sich dem neuesten Stand der Forschung und den Argumenten der Tierrechtler nicht verschließen.

Wie nehmen Rinder und Schweine die Welt wahr? Sind unsere Gehirne so ähnlich, dass man davon ausgehen kann, dass sie wie wir mit einer Art Verstand und Emotionen auf sich und andere Lebewesen schauen? Tierschützer aber auch einige Wissenschaftler meinen, ja.[51] Von dieser Position aus ist es natürlich nur ein Katzensprung zu der Behauptung, Tiere hätten ein Bewusstsein, eine Psyche oder eine Seele, und es liegt dann nahe, sie mit dem Menschen auf eine Stufe zu stellen und zu fordern, das Töten der Tiere, um sie zu Schnitzel, Steaks und Schinken zu verarbeiten, unter Strafe zu stellen. Beweisen lässt sich das zwar alles nicht. Aus Sicht der Tierschützer ist das aber kein Problem, da reicht der Glaube, um die Mehrheit der Fleisch- und Wurstesser auf den richtigen Weg bringen zu wollen.

Es kann keine Versöhnung auf diesem Gebiet geben. Und aus Sicht der Fleischesser ist das auch gar nicht nötig. Knapp 60 Kilogramm pro Jahr[52], macht in der Summe über 640 Tiere, die jeder Deutsche angeblich im Verlauf seines Lebens isst.[53] Natürlich will niemand, dass Tiere leiden, aber wenn der Magen knurrt, greifen die meisten eben doch zu Spießbraten und Salami. Mit unserem Konsumverhalten sprechen wir eine eindeutige Sprache – und die versteht man auch in der Politik. Die Forderung nach einem Verbot der Massentierhaltung ist eine Illusion. Der Großteil des verzehrten Fleisches kommt aus dieser Art Haltung. Der Anteil von Biofleisch beim Schwein beträgt nicht einmal zwei Prozent.[54] In Deutschland ist der Tierschutz seit 2002 Staatsziel und im Grundgesetz verankert.[55] Aber kein Politiker würde es wagen, durch derartige Verbote unsere Ernährungslage zu destabilisieren. Fragt man die Verbraucher, dann hört man regelmäßig, dass sie gegen Massentierhaltung sind und dass ihnen das Tierwohl wichtig ist. Doch kaum jemand scheint bereit zu sein, dafür dann auch den Preis zu zahlen.

In Deutschland geben die Menschen gerade mal noch zehn Prozent ihres Einkommens für Essen aus.[56] Noch in den 1960er-Jahren waren es 30 bis 40 Prozent. Damals wurde natürlich weniger Fleisch gegessen, weil es im Vergleich zu heute deutlich teurer war. Fleisch war Luxus. Heute ist Fleisch Massenware. Jeder kann es sich leisten, was ein Zeichen unseres Wohlstandes ist. Dass die Menschen heute ihr Geld lieber für Reisen, Flachbildschirme, Mobiltelefone und andere Artikel ausgeben als für gutes Fleisch, beklagen nicht nur die Metzger. Zum Glück findet langsam ein Umdenken statt. Geiz ist nicht mehr unbedingt geil. Auch wenn der Trend noch nicht bei unseren Essgewohnheiten angekommen ist.

Beherrscht wird der Markt von den großen drei: Tönnies, Vion und Westfleisch, die zusammen einen Marktanteil von fast 60 Prozent erreichen. Der viertgrößte Schlachter in Deutschland ist der Großkonzern Danish Crown, Marktführer in Europa.[57] Warum die Dänen in Deutschland schlachten? Weil Deutschland ein Billiglohnparadies für die Schlachtbetriebe ist.

Also was tun? Langfristig wird sich nur etwas ändern, wenn die Leute bereit sind, mehr Geld für Fleisch in die Hand zu nehmen, das dann aber auch bei den Bauern ankommen muss. Benötigt werden mehr Schlachthöfe, um die Transporte zu verkürzen. Diese Betriebe müssen sichtbar sein, damit die soziale Kontrolle funktioniert. Bis dahin würde es helfen, die vorhandenen Schlachthöfe mit Kameras auszustatten und genau hinzuschauen, was da passiert.

Mein Bruder würde nie Fleisch aus Massentierhaltung verkaufen. Aber er ist der Überzeugung, dass es sie geben muss.

Die meisten Menschen lieben Fleisch. Auch wenn das bei uns öffentlich kaum noch jemand zugeben würde, wird auf der ganzen Welt unsere Wurstvielfalt als Kulturgut geschätzt. Der weltweite Appetit auf Fleisch hat sich in den vergangenen 50 Jahren mehr als vervierfacht.[58] Daran haben weder die sattsam bekannten Skandale um BSE und Hormonfutter im Hühnerstall etwas geändert noch die Undercover-Schocker mit Bildern aus der Massentierhaltung und -verarbeitung in den Fleischfabriken. Trotz Krebs- und Antibiotikaalarm wird Schweinefleisch immer noch am liebsten gegessen. Schweine machen etwa 60 Prozent des Gesamtfleischkonsums aus.[59] Wer eingeschweißtes Tütenschnitzel mampft, dem ist oft nicht bewusst, dass er mit 28 Millionen Schweinen[60] zusammenlebt, dass in Deutschland Tag für Tag

150.000 Schweine geschlachtet werden. Die meisten landen als Billigfleisch im Kühlregal. Der Discounterkunde hat sich über die Jahre an die niedrigen Preise gewöhnt.

Anstatt auf Qualität auf dem eigenen Teller zu achten, kauft er lieber einen LED-Flachbildschirm und lässt den Henssler grillen.

Die Schlachtfestgäste auf dem Franßenhof *wollten* beim Schlachten dabei sein. Auch wenn die Motive der Leute ganz unterschiedlich sind, verbindet sie der Mut, wirklich mal hinzuschauen und Informationen nicht nur aus zweiter Hand zu bekommen.

9

WAS KOMMT NACH FLEISCH?

Vom Guten, Wahren und Veganen

Thomas und ich sitzen in der Vesperstube in unserem Elternhaus in der Brüningstraße an dem Tisch, an dem unser Vater immer sein Nickerchen gehalten hat und an dem wir damals die Urne mit seiner Asche aufgestellt hatten. Auch Opa Hans hat hier immer gesessen und auf bescheidene Art Hof gehalten. In diesem Raum steht die Zeit still, das neueste Foto stammt vom Anfang der 1980er-Jahre und zeigt Thomas mit Bon-Jovi-Matte und unseren Vater mit John-Major-Brille. Die Haxen-Reicherts stehen stolz vor einer riesigen Pfanne Brutzelfleisch.

Willi und Thomas im 1980er-Style.

Wenn man genauer hinschaut, entdeckt man auch ein Bild von mir. Es muss noch in den 1960er-Jahren geschossen worden sein, als Fotografieren noch etwas Exklusives war und man Kinder für die Ahnengalerie noch ausstaffierte wie kleine Landlords. Mein Bruder und ich lachen an der Kamera vorbei den Mann an, der uns versprochen hat, dass gleich das kleine Vögelchen aus der Linse guckt, und der vorher mit viel Pomade meinen Wirbel niedergekämpft hat.

Thomas und ich im Sonntagsanzug.

Merkwürdig, als Kinder haben mein Bruder und ich uns nicht ausgesprochen ähnlich gesehen, und heute werden wir nicht selten für Zwillinge gehalten. Wir sind uns im Lauf der Jahre immer ähnlicher geworden, obwohl mein Bruder einen Großteil seines Lebens hinter der Fleischtheke verbracht hat und ich hinter dem Schreibtisch. Doch durch unsere gemeinsame Kindheit in einer Metzgerfamilie teilen wir den Blick auf die Welt von hinter der Fleischtheke.

Wir haben keinen Zweifel daran, dass wir in der friedlichsten Welt leben, die es jemals gab. Wir schaffen es, dass ein Großteil der Menschen in unserem Land in einem Wohlstand lebt, von dem unsere Großeltern nicht zu träumen gewagt hätten. Zur oft beschworenen sozialen Gerechtigkeit gehört für viele auch, sich Fleisch leisten zu können. Billigfleisch! Die Nachfrage ist so groß, dass man den Eindruck gewinnen könnte, der Preis, den die Tiere dafür bezahlen, ist für die meisten Konsumentinnen und Konsumenten in Ordnung. Zu akzeptieren, dass es günstige Lebensmittel geben muss, gehört wahrscheinlich zu dem Preis, den wir für die soziale Teilhabe aller zahlen müssen. Vielleicht ist das ja der Grund, warum die Politik, trotz großem Druck vonseiten der Tier- und Verbraucherschutzverbände, unterstützt durch weite Teile der Medien, nur so zögerlich handelt.

Als Fleisch noch teuer war, also bis in die 1960er-Jahre hinein, standen in vielen Schrebergärten und Hinterhöfen noch Hasenställe. Dass wir die Tiere kuscheln durften, war nur ein angenehmer Nebeneffekt. Klopfer und Cäsar endeten als Sonntagsbraten.

Fleisch ist heute kein Luxusgut mehr. Jeder kann es sich leisten, was man durchaus auch als zivilisatorischen Fortschritt werten könnte.

Eine große Mehrheit der Bevölkerung ist offensichtlich der Meinung, dass Menschenwohl über dem Tierwohl steht. Nur sagt es halt niemand so deutlich. Stattdessen wird ständig lamentiert, ohne dass sich groß was ändert.

Woran das liegt, ist mittlerweile gut erforscht. Wir nehmen schlechte Nachrichten eher wahr als gute, weil es im Verlauf unserer Evolution sinnvoll war, Gefahren frühzeitig zu erkennen. Wir reagieren eher auf Bilder denn auf Worte, besonders auf bewegte Bilder, und die schleppen wir mittlerweile durch unsere Mobiltelefone ständig mit uns rum.

Durch das dauernde Werbegeklingel, Marketinggebammel und Netzgeraune – und hier haben die Metzger ein echtes Defizit – ist die Stimme einer Minderheit so laut geworden, dass aus der Selbstverständlichkeit, Fleisch zu essen, in der öffentlichen Wahrnehmung beinahe schon ein Vergehen gegen die Natur geworden ist, obwohl Fleischkonsum das Natürlichste der Welt ist. Bei den Mengen, die jedes Jahr allein in Deutschland verdrückt werden, besteht überhaupt kein Grund zur Rechtfertigung. Die große Mehrheit liebt Fleisch und Wurst. Wir futtern jedes Jahr allein in Deutschland über 750 Millionen Tiere auf; würden wir die Fische dazuzählen, wären es deutlich über eine Milliarde.[61]

Warum wird die Welt dann immer veganer? Oder kommt das einem nur so vor, weil die Veganer immer lauter werden?

Fakt ist: Nur ungefähr sechs Prozent der Deutschen sind Vegetarier oder Veganer.[62] Schaut man sich auf den beliebten Seiten der Anhänger des veganen Lebensstils um, dann entdeckt man Links zu Tierschutzorganisationen, die teilweise haarsträubende Videos vorführen, in denen Tiere zu Tode gequält werden. Solche Zustände sind eine Katastrophe und müssen vom Staatsanwalt verfolgt werden. Wie häufig das endlos vorgeführte Grauen tatsächlich ist, das bleibt allerdings im Dunkeln.

Hinter der Öko- und Biowelle und der Veggiebewegung steckt eben auch eine perfekt geschmierte Marketingmaschine. Der Trick geht so: Verbinde eine Lebensnotwendigkeit (Essen) mit einem höheren Ziel (Rettung des Planeten) und einer großen Portion Angst (Gift im Essen), und schon hast du Kaufanreize, die besser wirken als jedes andere Versprechen, das die Werbung machen kann. Für ein reines Gewissen zahlen die, die es sich leisten können, viel Geld.

Mahnend wird immer wieder der Zeigefinger in die Höhe gereckt, wenn es um die landwirtschaftliche Fläche geht.

Mehr als die Hälfte Deutschlands wird von Bauern bewirtschaftet (50,8 Prozent). Dieser Anteil sinkt langsam, während der für Siedlungen und Verkehr stetig größer wird (14,3 Prozent). Aber auch der Wald in Deutschland ist auf Wachstumskurs (30,9 Prozent).[63]

Wie viel Landwirtschaft und Tierhaltung verträgt die Erde überhaupt (noch)? In manchen Diskussionen ist es längst nach zwölf. In Zahlen sieht die Sache weniger dramatisch aus: Die gesamte Erdoberfläche hat 510 Millionen Quadratkilometer. Davon sind 71 Prozent von Ozeanen bedeckt, etwa ein Drittel ist Landfläche. Diese Landfläche ist zum allergrößten Teil nicht als saftige Rinderweide geeignet, denn gut zwei Drittel verteilen sich auf Eis- und Sandwüsten, unbesiedelte Steppen, tropische und andere Wälder, liegen im Hochgebirge oder sind Seen. Übrig bleiben für Ackerbau und Viehzucht auf dem Planeten theoretisch also insgesamt 48 Millionen Quadratkilometer.

Davon sind 25 Millionen Quadratkilometer Grasland, zehn Millionen beweidete Steppe, vier Millionen brachliegendes, ungenutztes Ackerland und fünf Millionen vorindustriell genutztes Ackerland. Nur der Rest von vier Millionen wird heute industriell und postindustriell (ökologisch) bewirtschaftet. Die 25 Millionen Quadratkilometer des möglichen Weidelandes bestehen vor allem aus riesigen Graslandschaften, sind größtenteils unbewohnt und werden nur zu einem kleinen Teil für die Tierhaltung genutzt. Intensive Tierhaltung findet entweder am Rande dieser Graslandschaften mit jährlichem Auftrieb oder direkt in den Ländereien der Agrarregionen statt, oft in Ställen oder auf Weiden zwischen den Feldern. Wer in dichtbesiedelten Regionen lebt, kann es sich nur sehr schwer vorstellen, aber Fakt ist: Nur die vorindustrialisierten Ackerländer und die industriell und postindustriell besiedelten Ackerländer der Erde sind dicht besiedelt mit Dörfern, Städten und Infrastruktur. Dies sind insgesamt neun Millionen Quadratkilometer, das entspricht zwei Prozent der Erdoberfläche oder knapp sieben Prozent der Landfläche. Die Erde ist, im Ganzen gesehen, auch heute noch ein einsamer Ort.[64]

Es gibt über 7,7 Milliarden Menschen auf der Welt. Sie alle wollen essen, und die meisten Fleisch. Wo soll das herkommen? Und wer entscheidet, wer Fleisch bekommt und wer nicht?

Wir müssen lernen, mit der grassierenden Nahrungsmittelhysterie und Krisenpornografie umzugehen. Dabei hilft auch ein Blick auf die Mechanismen des Mediengeschäftes.

Rinderwahnsinn, Gammelfleisch, Pferdelasagne, Antibiotikaschnitzel, Hormonkühe, Chlorhühnchen und Dioxin-Eier! Lebensmittelskandale sind für Medien Auflage- und Quotenbringer. Nur Selbstmordattentäter, Dieselfahrverbote, Schweinegrippe-Viren und der Klimawandel sorgen für noch mehr Aufregung und damit Aufmerksamkeit. Da wird einerseits durchschaubar, andererseits manchmal auch mächtig durchtrieben ein Skandal an den nächsten gereiht, bis der mittelmäßig informierte Durchschnittseinkäufer verängstigt und verunsichert in die Ladentheke starrt.

Die Botschaft ist klar: Hinter jedem Happen kann eine tödliche Gefahr lauern. Damit ist flächendeckend eine gewisse Flauheit in den Mägen der Konsumenten garantiert, die sich manchmal eben zu Hysterie hochkochen lässt. Millionen auf Verdacht gekeulter Rinder wurden während der BSE-Hysterie zu Tausenden Stunden Nachrichten und Sondersendungen mit Experteninterviews und Hintergrundberichten verwurstet. Die Zahl der nachweislich an BSE oder der Creutzfeldt-Jakob-Krankheit gestorbenen Zuschauer blieb bis heute überschaubar. In Deutschland waren es null Tote.[65] Die Angst, die damals geschürt wurde, hat wahrscheinlich mehr Leuten den Herztod beschert, als Prionen zum Hirntod führten.

Und dann kam Corona und stellte nicht etwa alles auf den Kopf. Im Gegenteil, das Virus stellte alles vom Kopf auf die Füße.

In dieser schwersten Krise seit dem Zweiten Weltkrieg zeigte sich, dass Tierschutz, wenn wir mit einer wirklichen Bedrohung konfrontiert sind, komplett irrelevant wird. Genauso irrelevant wie die uns von Tierrechtlern, Naturschutzorganisationen und Meinungs- und damit Stimmungsmachern ständig um die Ohren gehauenen Vorwürfe, wir ernährten uns falsch und wären alle Tierquäler und würden am Ende des Tages die Welt zugrunde richten.

Tierwohl interessiert, wenn es wirklich um die Wurst geht, keine Sau. Natürlich ist das provokant formuliert. Im Kern kann man es kaum treffender sagen.

Vieles von dem, was uns vor der Krise Kopfzerbrechen machte, entpuppte sich als Luxusproblem. Im Grunde waren wir vor Corona Weltmeister darin, Nebensächlichkeiten zu Schicksalsfragen aufzublasen.

Und selbst tatsächliche Probleme, die die ganze Menschheit betrafen und nach wie vor betreffen, traten in den Hintergrund. Wo war eigentlich der Klimawandel während des Lockdowns? Wo war die AfD? Wo waren die Esoteriker? Der Feinstaub? Wo waren die Rassisten und Islamisten? Ja, als die Kurve flacher wurde, kamen sie aus ihren Löchern gekrochen und trugen Aluhüte und grölten groben Unfug. Dass sich ausgerechnet ein Vegankoch zum König der Narren aufschwang, geschenkt.

Die Krisenmanager aus der Politik und vom Robert Koch-Institut, die ihren Job damals gut machten, handelten besonnen und verlässlich, und die Menschen schenkten ihnen Vertrauen. Das ewige Gejammer und das Geraune über die ach so skandalösen und desolaten Zustände in Deutschland wurden als Phänomene einer durch und durch verwöhnten Wohlstandsgesellschaft entlarvt.

Natürlich jammerten auch während der Krise einige weiter, vor allem die, die sicher im Homeoffice saßen, ihr Festgehalt kassierten, Netflix ohne HD schauen mussten und durch die Betreuung der eigenen Kinder gefordert waren. Würde das Klopapier reichen? Diese Art Krisenerfahrung hätten die New Yorker, die Menschen in Madrid und der Lombardei gerne gemacht.

Von vielen wirklich Leidtragenden hörte man in diesen Wochen weniger: Ladenbesitzer ohne Umsatz, Buchhändler, Friseure, Barbiere ohne Kunden, Kneipenbesitzer ohne Gäste. Die wirklich in ihrer Existenz Bedrohten hatten anderes zu tun, als lauthals zu verkünden, dass sie eine schwere Zeit durchmachen.

Trotz großer Anspannung veränderte sich unser Umgang, der Ton an der Supermarktkasse und in der U-Bahn wurde freundlicher, die Menschen waren voller Dankbarkeit für die, die den

Laden am Laufen hielten. Krankenschwestern und Pfleger, Ärztinnen und Ärzte, Polizistinnen und Polizisten, die Müllabfuhr. Und natürlich die fleißigen Mitarbeiter und Mitarbeiterinnen in den Supermärkten, täglich der Gefahr ausgesetzt, sich das Virus einzufangen.

Dazu gehörten übrigens auch die Metzger. Metzgereien wurden als systemrelevant eingestuft. Mein Bruder und seine Verkäuferinnen standen von morgens bis abends hinter der Theke und versorgten die Nachbarschaft mit Schinken, Salami, Spießbraten, Hacksteak, Nudeln mit Champignonsoße und aufmunternden, Mut machenden Worten.

Als der Höhepunkt der Pandemie erreicht war und die Kurve mit den Neuinfektionen sich abzuflachen begann, rückte ein Thema in den Schlagzeilen ganz nach oben, das versprach, die Erregungskurve in der Bevölkerung trotz zurückgegangener Infektionszahlen hochzuhalten.

Nach Wochen, in denen unzählige Corona-Tagebücher verfasst wurden, Hunderte Berichte von den Intensivstationen der Republik und des benachbarten Auslandes die Leser und Zuschauer geschockt hatten, wilde Spekulationen ins Kraut schossen, wem wir denn nun die Pandemie zu verdanken hätten (China, Bill Gates oder der Fledermaus), hatte man fast das Gefühl, die Medienöffentlichkeit wäre dankbar, sich wieder über etwas anderes aufregen zu dürfen. Das Virus verband sich mit einem seit Ewigkeiten gärenden Zustand, der immer mal wieder Teile der Bevölkerung angewidert den Kopf schütteln ließ, natürlich ohne dass die handelnden Personen einen Handschlag taten, an dem Zustand was zu ändern.

In einigen Großschlachtereien wie beispielsweise bei Westfleisch im Münsterland, Vion in Bad Bramstedt, bei Müller-Fleisch in Birkenfeld westlich von Pforzheim, einem der größten Rinderschlachtbetriebe Deutschlands, häuften sich die Coronafälle. Auch Tönnies in Rheda-Wiedenbrück wurde zum Hotspot.

Dass die aus Osteuropa stammenden Arbeiter der von den Großschlachtern engagierten Subunternehmer auf engstem Raum zusammenleben mussten, wenn sie nicht am Schlachtfließband standen, und die hygienischen Zustände in den Massenunterkünften kaum menschenwürdigen Standards genügten, rächte sich nun und führte dazu, dass – mal wieder – eine ganze Branche unter Generalverdacht gestellt wurde.

Ein Sprecher der Tönnies-Gruppe beschwerte sich, bevor es im Kreis Gütersloh zum lokalen Lockdown kam: »Wir wurden in der Ernährungsindustrie vor acht Wochen aufgefordert, während des Lockdowns weiterzuarbeiten, so wie Krankenhäuser, Pflegeheime und die Energieversorgung. Diesem Auftrag sind wir nachgekommen, bei dem Wissen, dass wir dadurch ein erhöhtes Infektionsrisiko haben.«[66]

Da hat der Mann nicht ganz unrecht. Tests in allen anderen Branchen, die während der Krise weiterarbeiten mussten, hätten wahrscheinlich auch zur Ermittlung erhöhter Infektionszahlen geführt. Und osteuropäische Arbeiter, die unter inakzeptablen Zuständen auf engstem Raum leben, beschäftigen nicht nur die Großschlachtereien. Das Baugewerbe ist genauso auf diese Arbeiter angewiesen.

Der Bundesarbeitsminister[67] schreckte auf, als er von den seit Jahren bekannten Missständen erfuhr, und ließ verkünden, dass ein Gesetz auf den Weg gebracht wurde, dass keine Leiharbeiter aus Billiglohnländern mit Werkverträgen in der Fleischindustrie mehr beschäftigt werden dürfen und dass dieses Verbot in Zukunft schärfer kontrolliert wird. Man kann den osteuropäischen Wanderarbeitern nur wünschen, dass nach der Krise die Verantwortlichen dauerhaft aufgeschreckt bleiben.

Für die Liebhaber billiger Fleisch- und Wurstwaren bestand zu keinem Zeitpunkt die Gefahr, sich über die Produkte aus den betroffenen Betrieben anzustecken. Es ist kein einziger Fall bekannt geworden, bei dem sich jemand an einem panierten Kotelett oder einem Scheibchen Gelbwurst das Virus eingefangen hätte.

Was den Ursprung von Pandemien angeht, scheiden sich die Geister. Die Schweinegrippe kam wohl aus den USA und verbreitete sich über Lebendexporte auf der ganzen Welt. Die Vogelgrippe hatte ihren Ursprung in Asien und wurde durch Zugvögel über die Welt verteilt. Und jetzt Corona, auch da scheinen wildlebende Tiere eine Rolle gespielt zu haben und, wenn man ganz weit zurückgeht, auch Nutztiere. Der Chef-Virologe der Charité Christian Drosten sagte in einem Interview mit dem »Stern«: »Bei einem der vier Erkältungs-Corona-Viren, die wir bislang beim Menschen kannten, kann man fast mit Sicherheit sagen, dass es vor etwa 150 Jahren aus dem Rind zum Menschen kam.«[68] Wer das Virus damals entdeckt hat und wo die Übertragung stattgefunden hat, dazu sagt Professor Drosten in dem Interview nichts. Genauer ist die Übertragung in einem anderen Fall geklärt. Bei dem MERS-Ausbruch auf der Arabischen Halbinsel sprang das Virus von Dromedaren auf Menschen über.[69] Wie man es dreht und wendet, die zu große Nähe von Mensch und Tier – ob nun in Ställen mit Massentierhaltung, die es mittlerweile auf der ganzen Welt gibt, in einer Paarhuferzucht in Saudi-Arabien oder auf einem chinesischen Markt – begünstigt Zoonosen, das sind Infektionskrankheiten, die von Wirbeltieren auf Menschen übertragen werden und umgekehrt. Laut WWF sind 60 Prozent der Infektionskrankheiten, die uns zu schaffen machen, Zoonosen, und in 72 Prozent der Fälle steckt sich der Mensch bei Wildtieren an.[70] Zum Glück berichteten im Verlauf der Coronakrise viele Medien angemessen und ohne die Panikschraube weiter anzuziehen. Die

Pandemie bescherte uns die größte Bedrohung seit dem Zweiten Weltkrieg; dass da weitgehend Vernunft und Besonnenheit das Handeln bestimmte, war auch ein Verdienst der Medien. Bis dahin waren Leser, Zuschauer und User häufig ganz anderes gewohnt.

Kurz nachdem ich den Einstieg in die endlos flimmernde Welt der bunten Bilder, der nicht abreißenden Flut an News und des tosenden Geblubbers und Geraunes aus TV- und Radiogeräten geschafft hatte, muss irgendein Spaßvogel das Wort *Infotainment* erfunden haben. Nachrichten waren von da an nicht mehr einfach nur Nachrichten. Die Medien bemühen sich seitdem, zu jeder Nachricht auch gleich ein passendes Gefühl mitzuliefern. Als zum Beispiel BSE entdeckt wurde, genügte es nicht, von einer Gehirnkrankheit bei Rindern und Schafen zu sprechen. Der *Rinderwahnsinn* wurde geboren, mit den bekannten Folgen. Wahnsinnig machten damals vor allem die Medien ihre Leser, Hörer und Zuschauer mit völlig überzogenen Schreckensmeldungen. Ähnlich war es beim Waldsterben, SARS, der Vogelgrippe, Schweinepest, Maul- und Klauenseuche und so weiter. Sagen, was ist, reicht seitdem nicht mehr. Jedes Thema braucht einen emotionalen Zugang, was dazu geführt hat, dass ständig ein armer Tropf vor eine Kamera oder ein Mikrofon gezerrt wird und erzählen muss, wie er sich fühlt, jetzt, wo die nächste Katastrophe anrollt.

Noch schlimmer sind nur die Hundertschaften von Expertinnen und Experten, die die Medien bevölkern. Was die meisten dieser Menschen beruflich machen, bleibt häufig im Dunkeln. Oft sind es altgediente Journalisten, windige Professoren oder Politikberater, die gern das Liedlein derer singen, die sie finanzieren – Mietmäuler eben. Man sollte nicht glauben, dass diese Herren und Damen sich ohne Honorar oder einen sonstigen finanziellen Benefit, und sei es nur der Hinweis auf das letzte Buch, vor die Kamera oder das Mikrofon stellen.

Als Innungspräsident muss Thomas auch in die Expertendatenbank einiger TV-Sender und Zeitungen geraten sein. Ab und zu taucht ein einsamer Reporter bei meinem Bruder vor der Ladentheke auf. Da Thomas drolligen Skandalen wie Gammelfleisch und Pferdelasagne mit großer Gelassenheit begegnet, ist schon der ein oder andere Journalist verschnupft wieder abgezogen, weil der Obermeister nicht bereit war, auf die Panikmache einzusteigen. Da wunderten sich die Reporter, dass mein Bruder beim Thema Gammelfleisch an die Vorliebe vieler Feinschmecker für Dry-Aged-Steaks erinnerte. Sein Kommentar, dass das Pferdefleisch in der Lasagne wahrscheinlich noch die gesündeste Zutat dieser Fertigleckerei war, stürzte den Reporter vermutlich in eine schlimme Sinnkrise.

Bevor das Telefon beim Metzger klingelt, klappern die Redakteure, wenn es ums Essen geht, aber zunächst einmal Ernährungspäpste, Diätgurus und Ökotrophologinnen ab; die warnen dann gerne mal davor, dass zu viel Fleisch krank macht, und die einzig richtigen, wahren und gesunden Nahrungsmittel in ihren Büchern nachzulesen sind.

Der gleiche Scherzkeks, der *Infotainment* erfunden hat, muss 20 Jahre später mit dem Wörtchen *Storytelling* um die Ecke gekommen sein. Seitdem glauben einige Medienmacher eisern daran, ihre Auflagen, Reichweiten und Einschaltquoten dadurch retten zu können, dass sie alles, was es zu berichten gibt, in kleine, muntere Geschichten packen. Oder glaubt jemand, dass der Klimawandel ohne das wütende Mädchen, das damit angefangen hat, freitags die Schule zu schwänzen und den Mächtigen der Welt den Marsch zu blasen, ein solcher Hype geworden wäre? Die Story von Greta Thunberg ist einfach unschlagbar.

Wo wir gerade bei Glauben sind. Mein Bruder und ich glauben, dass uns nicht Verzicht retten kann, sondern wenn überhaupt, dann nur Fortschritt und neue Technologien.

Weltweit wird der Fleischkonsum in den nächsten Jahren ansteigen. 2050 werden wir zehn Milliarden Menschen auf der Welt sein; die alle satt zu bekommen wird ohne Viehhaltung nicht möglich sein, sagt Frank Mitloehner, Agrarwissenschaftler an die Universität von Kalifornien.[71] Mit solchen Prognosen macht man sich keine Freunde mehr. Der wissenschaftliche Mainstream scheint vom Gegenteil überzeugt zu sein. Nur beweisen lässt sich nicht, dass die Welt ohne Fleisch satt zu bekommen wäre, und das macht es Politikern sehr schwer, Gesetze zu erlassen, die den Fleischkonsum einschränken oder besser gleich verbieten.

Wir vertilgen pro Kopf 1,9 Kilo Biomasse am Tag – macht 694 Kilo im Jahr.[72] Da erscheint die Zahl von circa 60 Kilo Fleisch[73], die jeder Deutsche im Jahr verspeist, doch gleich gar nicht mehr so monströs.

Oma Friedel lächelt uns, als wolle sie diesen Gedanken bestätigen, von einem Foto an, und wir müssen an ihre unumstößliche Lebensweisheit denken, die sie uns mit auf den Weg gegeben hat: *»Esst Worscht, es Brot müsset merr kaufett.«*

Dass wir schon als Kinder nicht zu pausbäckigen Metzgerbuben wurden, verdanken wir den Genen unserer Mutter, an die in der Vesperstube kein einziges Foto erinnert.

Wir waren immer schlank. Es hätte sich aber auch niemand gewundert, wenn wir ein paar Kilo mehr auf den Rippen gehabt hätten. Und Sorgen hätte sich darum schon gar keiner gemacht. Und heute?

Beinahe widerspruchslos lassen wir uns von der Expertenarmada beim Essen reinreden und glauben viel zu oft jeden

Unsinn, der uns verspricht, dass wir schlanker und gesünder werden.

Was ist überhaupt schlank? Und was ist gesund? Die Entscheidungen darüber überlassen wir in der Regel nicht unserem Körpergefühl. Viele Ärzte behaupten scherzhaft, wer gesund ist, ist nur nicht gründlich genug untersucht worden.

Da die meisten Menschen, die uns ihre Meinung über das richtige Essen oder das Idealgewicht aufdrängen, dafür gut honoriert werden, ist Vorsicht geboten, wenn Expertinnen und Experten uns mit ihren Ratschlägen verunsichern. Der Nährwert der meisten Empfehlungen geht gegen null, genau wie die Wirksamkeit der allermeisten Diäten.

Der Welt zu erzählen, dass Diäten nichts bringen und dass die Tipps von Ernährungswissenschaftlern allenfalls in die Abteilung Schamanismus gehören, das zu erklären taugt nicht annähernd so gut als Geschäftsmodell, wie den Besser-Essern Schönheit und Gesundheit durch Intervallfasten, Detox und Clean-Eating zu versprechen.

Der heiß umkämpfte Medienmarkt ist ein Schlachtfeld, auf dem der Glaube eine deutlich größere Rolle spielt als abgesichertes Wissen. Der Wettbewerbsdruck ist riesig, der Wettlauf, den nächsten *Hotshit* übers Essen absondern zu dürfen, fördert die abstrusesten Diäten ans Licht.

Wir müssen die Deutungshoheit über unser Essen dringend den genussfeindlichen Ernährungsideologen entreißen, die uns Heil durch Verzicht auf Rumpsteak, Sachertorte und Götterspeise predigen.

Mein Bruder hat für seine Kundinnen und Kunden den ultimativen Ernährungstipp: *»Iss, wenn du Hunger hast, und hör auf, wenn du satt bist.«* Klingt schrecklich banal, ist aber wahrscheinlich auf Dauer der einzige Weg zum Idealgewicht. Vorausgesetzt, man bewegt sich regelmäßig und träumt nicht nur beim Lesen des neuesten Diätbestsellers gemütlich auf der Couch liegend von der Traumfigur.

Die Lösung könnte lauten: Glauben Sie nicht mehr an Ernährungsmärchen. Essen Sie, worauf Sie Hunger haben und was Sie gut vertragen.[74]

Der Spuk ums Essen macht auch vor den Kindern nicht halt. Man kann heute alle paar Hundert Meter Fast Food futtern. Und das sieht man Kindern und Jugendlichen auch an. Viele werden ohne Frühstück zur Schule geschickt, bekommen ein paar Euro in die Hand gedrückt und sollen sich dann selbst versorgen. Morgens ein Plunderteilchen vom Billigbäcker, mittags auch Plunder in Form eines Hamburgers oder Döners. Abends dann die Pizza aus der Tiefkühltruhe und beim Mampfen über die Mädels bei GNTM[75] lästern. Da zu Hause in vielen Fällen den Kindern nur noch vermittelt wird, wie man die Mikrowelle einschaltet und wo der Zettel mit der Telefonnummer von Lieferando festgepinnt ist, liegt die einzige Chance, Kindern Esskultur und Tischmanieren beizubringen, darin, das Thema Ernährung zum Pflichtfach in der Schule zu machen. Das ist natürlich ein frommer Wunsch. In den Köpfen der Kinder ist für binomische Formeln, die Weimarer Republik, die mendelschen Regeln und die Zubereitung von gesundem Essen kaum noch Platz, da die Aufnahmekapazität des Nachwuchses durch das ständige Social-Media-Geklingel, durch Gaming, Chats und Posts bis zum zweifelhaften Productplacement der Influencer längst erschöpft ist.

Besonders benachteiligt sind die Kinder, die nicht mit dem goldenen Löffel im Mund aufwachsen. Früher war es für reiche Leute schick, durch Übergewicht ihren Reichtum zu demonstrieren. Heute ist es genau umgekehrt. Reiche Menschen hungern, und die Unterschicht platzt. Worüber sich alle regelmäßig aufregen, wenn irgendwer mal wieder neue Zahlen zur angeblichen Adipositas-Epidemie veröffentlicht. Klingt dramatisch. Ist aber nur die halbe Wahrheit.

Ja, viele Kinder sind moppelig, manche richtig fett und viele auch bewegungsfaul, wenn man von der Daumenbewegung auf dem Smartphone absieht. Andererseits: Fast 96 Prozent der Kinder und Jugendlichen in Deutschland erfreuen sich nach der größten Jugendgesundheitsstudie, der Langzeitstudie KiGGS vom Robert Koch-Institut, sehr guter oder guter Gesundheit. Nach Angaben ihrer Eltern haben 57,1 Prozent der Kinder und Jugendlichen im Alter von drei bis 17 Jahren einen sehr guten und weitere 38,6 Prozent einen guten allgemeinen Gesundheitszustand.[76] Übergewicht und Adipositas sind mit 15,4 Prozent so viel oder wenig verbreitet wie vor zehn Jahren. Allerdings lässt sich das Auseinanderdriften der Lebenswelten auch am Körperumfang der Kinder ablesen: Bei Kindern aus der Ober- und Mittelschicht gibt es beim Rauchen, Trinken und bei der Ernährung positive Entwicklungen, beruhigen die Experten. Da könnte es Vorteile haben, wenn die Helikoptereltern überwachen, was in die Brotdose kommt. Kinder, die das Pech haben, in armen Verhältnissen aufzuwachsen, sind oft dicker, bewegen sich weniger, rauchen häufiger und haben mehr psychische Probleme.[77]

Weltweit und gemessen an der Zeit, in der wir Kinder waren, hat sich tatsächlich sehr viel verändert. Laut WHO sind heute mehr als 124 Millionen Kinder und Jugendliche extrem übergewichtig – 1975 waren es nur etwa 11 Millionen. Was die WHO gegen die Epidemie empfiehlt, wer hätte es erraten: gesünderes Essen in Schulkantinen und dass Kinder mehr Möglichkeiten bekommen, Sport zu treiben.[78]

Schlanker machen wird uns der neueste Trend, was die Herstellung leckerer Burger angeht, leider auch eher nicht. Was die Fleischgewinnung angeht, spielt die Zukunftsmusik in der Petrischale. Fleisch aus dem Labor soll irgendwann in naher oder ferner Zukunft die Menschheit satt machen. Ohne Tierleid und ohne CO_2-Ausstoß wächst in einer Nährlösung angeblich ein schmackhaftes Steak heran. So weit die Wunschvorstellung der Forscher. Der Lebensmittelchemiker Udo Pollmer hat im Deutschlandfunk erklärt, was nötig ist, um einen Burger aus In-vitro-Fleisch zu braten.[79] Frankenburger hat er den genannt. Was da an Hormonen und Antibiotika drinsteckt, das geht auf keine Kuhhaut.

Wer weitere Informationen sucht, wird auf der Seite der »Ärzte gegen Tierversuche« fündig: *»Fetales Kälberserum (FKS) wird als Nährlösung für Zellen genutzt. Die Gewinnung des Serums geht jedoch mit großem Tierleid einher, da es aus dem Blut ungeborener Kälber gewonnen wird, indem ihnen mit einer Nadel direkt ins Herz gestochen wird. Es wird so lange Blut abgesaugt, bis es blutleer ist und das Kalb stirbt.«*[80]

Das Zusammenrühren von Kunstfleisch hat noch weitere unappetitliche Nebenwirkungen. Der Energiebedarf für die Herstellung ist hoch[81] und wird die Klimabilanz eher verschlechtern statt verbessern. Die Risiken durch die Übertragung von Keimen sind im Moment noch nicht abzusehen. Noch wird der Fleischersatz nur im Labor geköchelt und ist noch nicht auf dem Markt. Die Idee boomt im Moment noch in den Köpfen der Investoren, die viele Millionen in die Entwicklung pumpen.

Ganz anders sieht es beim Hamburger aus Erbsenprotein aus. Beyond Meat heißt die Firma, die im Schweinsgalopp die Börse damit erobert hat. 150 Prozent plus am ersten Handelstag. Bill

Gates hat Aktien von Beyond Meat in seinem Depot gebunkert, was dem Veggie-Burger den Ritterschlag verlieh.

Vertriebspartner in Deutschland sind die Geflügelhüter von Wiesenhof.[82]

Die Damen und Herren vom Wiesenhof sind nicht die Einzigen aus der Lebensmittelindustrie, die sich an Firmen beteiligt haben, die Fleischersatz aus Erbsenbrei, Fisch aus Algen und Ei aus Bohnen fabrizieren. Die Amerikaner werden zusammen mit Kentucky Fried Chicken ein Hühnerfleischimitat auf den Markt bringen, Beyond Fried Chicken lässt auch die Herzen der Kollegen auf dem Wiesenhof höherschlagen. Hühner sind ihr Kerngeschäft. Sogar Danish Crown, einer der Global Player im internationalen Fleischmarkt, hat die Fühler Richtung Fleischersatz ausgestreckt. Auch Nestlé ist schon seit einiger Zeit mit dem *Incredible-Burger* auf Basis von Soja und Weizenproteinen am Start. Der soll tatsächlich schmecken wie Fleisch und hat, laut Nestlé, einen wahren Hype ausgelöst. Die Schweizer haben beim Beratungsunternehmen A.T. Kearney eine Studie in Auftrag gegeben, die erstaunlicherweise ergeben hat, dass im Jahr 2030 Ersatzprodukte einen Anteil von 28 Prozent am Fleischmarkt ausmachen werden.[83] Auch beim Institut für Demoskopie in Allensbach hat man das Ohr ganz nah am Markt für vegane Produkte. Die Deutschen sind die Nummer eins auf der Welt, wenn es um Veganes geht, nach uns kommen Großbritannien und dann die USA.[84]

Die Zeitschrift *Öko-Test* hat 18 vegane Burger erst unter die Lupe genommen und dann in die Pfanne gehauen.[85] Die Ergebnisse waren durchwachsen. Vier der veganen Buletten bekamen Bestnoten. Auch auf der nach unten offenen Widerlichkeitsskala taten sich einige Bratlinge hervor. Die Tester fanden Verunreinigungen mit Mineralölbestandteilen, einen zu hohen Salzgehalt, gesckmachsverstärkende Hefeextrakte und Anteile von Gentechnik.[86]

Clemens Tönnies, Fleisch- und Wurstfabrikant aus Ostwestfalen, hat den Braten seinerzeit schon sehr früh gerochen und stieg als einer der Ersten in das Geschäft mit der Fleischersatzpampe ein. Längst lässt er wieder weitgehend die Finger von Veggie-Wurst und konzentriert sich auf das Schlachten von Schweinen und Rindern. Über 21 Millionen Tiere töten die Tönnies-Mitarbeiter im Jahr.[87]

Fleisch ohne Tod. Schön wär's. Seit Jahren werden Massentierhaltung und die Qualen, die die Tiere auf den Transporten erleiden, angeprangert. Ohne jede Konsequenz: Die Produktion und der Verzehr von Billigfleisch steigen stetig an, wenn auch nicht mehr bei uns in Deutschland, so doch in vielen anderen Ländern.

Dass nur wir, die Fleischesser, also die große Mehrheit der Bevölkerung, etwas dagegen tun können, darauf aufmerksam zu machen, da könnten die Metzger ein Wörtchen mitreden. Tun sie aber zu selten. Selbst wenn Politiker sich aus der Deckung wagen und den erstaunten Verbraucherinnen und Verbrauchern verklickern, dass »Bullerbü-Bauern«[88] die Welt nicht werden ernähren können, ernten sie von den Metzgern nur stilles, unsichtbares Kopfnicken. Als mein Bruder die Forderung einiger Grüner nach einem Veggie-Day mit der Forderung nach einem Schnitzeltag konterte, bekam er vonseiten seiner Kunden und auch Teilen der Medien großen Applaus.[89] Die Branche schwieg. Leider. Und feiert stattdessen die Einführung der Zusatzqualifikation für Metzgermeister, die sich zum Fleischsommelier weiterbilden wollen.[90]

Eins sollte man bei allem nicht vergessen. Der ganze Streit um richtige Ernährung, Tierwohl und Ökologie ist ein Streit, den wir mit vollen Bäuchen führen. Mit Forderungen nach strengeren Gesetzen allein kommen wir da nicht weiter. Thomas appelliert an die Eigenverantwortung der Verbraucher. Wer mit Massentierhaltung ein Problem hat, sollte nur noch Fleisch essen, von dem er weiß, woher es kommt und wie die Tiere dort gehalten werden. Mein Bruder verkauft schon seit Jahren ausschließlich das Fleisch von Schweinen aus bäuerlichen Betrieben. Da steht die artgerechte Haltung an erster Stelle. Das Konzept ist glaubwürdig und nachvollziehbar und funktioniert ganz ohne Tierwohllabel.

Das Fleisch gibt es nicht zum Ramschpreis. Solange die Leute Billigfleisch kaufen und wegschauen, wie es auf den Teller kommt, werden wir das Problem jedenfalls nicht lösen. Dass bei einem Lebensmittelgipfel im Kanzleramt das Thema »Wertschätzung für die Erzeuger« ganz oben auf der Tagesordnung stand, ist ein gutes Zeichen.[91] Wertschätzung entsteht dann, wenn die Verbraucherinnen und Verbraucher ein realistisches Bild davon bekommen, was nötig ist, damit gesundes Essen für alle auf den Tisch kommt. Allerdings muss man auch hinsehen wollen.

Der Grund, warum wir teilweise so achtlos, lieblos und ignorant mit unseren Nutztieren umgehen, warum wir Massentierhaltung zulassen und quälende Tiertransporte, liegt in der Tatsache begründet, dass wir durch unser Wegsehen jede Achtung vor dem Tod der Tiere verloren haben. Und auch die Achtung vor denen, die den Tieren einen respektvollen Tod bereiten können, ist damit verschwunden. Dass Tiere sterben, um von anderen Lebewesen aufgegessen zu werden, gehört zum Kreislauf der Natur. Und wenn wir uns als Teil der Natur begreifen, dann ist Fleischessen etwas Natürliches.

Metzger, die als ehrliche Handwerker beste Ware anbieten, hätten viel darüber zu erzählen: dass die putzigen Schweinchen und treuen Kühe ihr Fleisch nicht freiwillig hergeben; dass für jeden Braten ein Tier sein Leben lassen muss. Aber auch, dass nicht jeden Tag ein Braten auf dem Tisch stehen muss. Diese Gedanken werden gerne verdrängt – und das ist ein Problem. Nicht nur für die Metzger. Die Menschen würden sich anders ernähren, wenn ihnen klar wäre, wo ihr Schnitzel herkommt und was getan werden muss, damit das Steak auf dem Grill, die Wurst im Kessel und der Aufschnitt auf dem Pausenbrot landet.

Metzger von heute sollten wie mein Bruder Thomas Reichert Fleischkonsum mit Maß und Anspruch fordern – und für den Respekt vor den Tieren stehen.

Dass Fleisch uns nicht wurst sein darf, dafür steht meine Familie in der dritten Generation.

EPILOG

Die Reise unseres Vaters Willi Reichert endete auf dem Friedhof in Frankfurt-Höchst. Wir haben die Urne mit seiner Asche im Grab seiner Eltern beigesetzt.

ANMERKUNGEN

1 www.bismarck-stiftung.de/2016/03/15/wüerste-und-gesetze/

2 www.zeit.de/2018/33/ferkelkastration-betaeubung-bauern

3 Hollywood-Blockbuster aus dem Jahr 1991 mit Jodie Foster und Anthony Hopkins.

4 www.bmel-statistik.de/ www.bzl-datenzentrum.de/tierhaltung/fleisch/geschlachtete-tiere-schlachtmenge-grafik/

5 TV-Kinderserie aus dem Jahr 1964 – https://www.fernsehserien.de/lolek-und-bolek

6 VW T2 Transporter.

7 Arbeitskittel aus Kunstfasern/Polyester.

8 TV-Serie aus dem Jahr 1967 – https://www.fernsehserien.de/high-chaparral

9 www.zeit.de/2019/32/esskultur-gemeinschaft-psychologie-sicherheit-miteinander-esstisch

10 www.welt.de/lifestyle/article12067428/Das-Fleisch-Dilemma-des-Allesfressers-Mensch.html

11 Das Fleischerhandwerk in der Bildenden Kunst/Prof. Dr. Kurt Nagel/Benno P. Schlipf/Verlag C.F. Rees GmbH/Heidenheim.

12 Kostbarkeiten des Fleischerhandwerks/Prof. Dr. Kurt Nagel/Benno P. Schlipf/Verlag C.F. Rees GmbH/Heidenheim.

13 Kostbarkeiten des Fleischerhandwerks/Prof. Dr. Kurt Nagel/Benno P. Schlipf/Verlag C.F. Rees GmbH/Heidenheim.

14 Das Fleischerhandwerk in der Bildenden Kunst/Prof. Dr. Kurt Nagel/Benno P. Schlipf/Verlag C.F. Rees GmbH/Heidenheim.

15 www.gotensieben.de

www.fr.de/frankfurt/schlachtabfall-hoechster-kunsthalle-10967142.html

16 www.bmel.de/SharedDocs/Downloads/Broschueren/Ernaehrungsreport2019.pdf?__blob=publicationFile und FAZ/10.01.2019/Salat predigen – Braten essen

17 www.zeit.de/2017/46/schweinezucht-eber-spitzenvererber-genetik-sperma/seite-2

18 Ein Cutter ist eine Maschine, die aus einer sich horizontal drehenden großen Schüssel besteht, in der sich mehrere Messer rasend schnell drehen und alles sehr fein zerkleinern.

19 Schübling ist eine schwäbische Zervelatwurst.

20 https://de.wikipedia.org/wiki/T ProzentC3 ProzentB6nnies_Holding

21 Kriegsenkel / Sabine Bode / Klett-Cotta /2013

22 *Miami Vice* war Mitte der 1980er-Jahre eine erfolgreiche TV-Serie mit Sonny Crockett und Ricardo Tubbs (Don Johnson und Philip Michael Thomas) als Rauschgiftfahnder – www.fernsehserien.de/miami-vice

23 Werbefigur der Zigarettenmarke HB – https://zeithistorische-forschungen.de/1-2-2007/4633

24 www.fleischerhandwerk.de/fileadmin/content/03_Presse/Geschaeftsbericht/GB2016_Strukturentwicklung_im_Fleischerhandwerk.pdf

25 www.fr.de/wirtschaft/mindestlohn-deutschland-billig-schlachterland-a-602983

26 Das Fleischerhandwerk in der Bildenden Kunst/Prof. Dr. Kurt Nagel/Benno P. Schlipf/Verlag C.F. Rees GmbH/Heidenheim.

27 Wurstologia Band II/Ernst Johann/Der Lissnerschen Wurstologia anderer Band/Frankfurt 1975.

28 Das Fleischerhandwerk in der Bildenden Kunst/Prof. Dr. Kurt Nagel/Benno P. Schlipf/Verlag C.F. Rees GmbH/Heidenheim.

29 www.dw.com/de/redewendungen-rund-um-die-wurst/a-18783952

30 www.focus.de/wissen/mensch/sprache/schwein-gehabt-daher-kommt-die-redewendung_id_6776465.html

31 www.deutschlandfunkkultur.de/schwein-gehabt-das-gluecksschwein.993.de.html?dram:article_id=232602

32 www.fleischer-koeln.de/warenkunde/wurstkunde/

33 Die Angst der Woche / Walter Krämer / Piper 2011 / S. 48.

34 www.abendblatt.de/ratgeber/gesundheit/article108018631/22-Tote-in-Deutschland-weiter-Verdacht-bei-Sprossen.html

www.aerztezeitung.de/Politik/Uns-hat-der-Blitz-getroffen-293405.html

35 www.codecheck.info/news/Wie-viel-Prozent-der-Treibhausgase-stammen-von-Kuehen-212294

36 www.faz.net/aktuell/wirtschaft/menschen-wirtschaft/ein-beruf-wie-jeder-andere-der-metzger-13319520.html?printPagedArticle=true#pageIndex_0

www.fleischerberufe.de/fleisch-beruehmt/

www.welt.de/vermischtes/article114706962/Ulrike-Piwonka-23-die-Zukunft-der-Metzgerzunft.html

37 www.handelsdaten.de/branchen/fleischereien

www.fleischerhandwerk.de/fileadmin/content/03_Presse/Geschaeftsbericht/GB2016_Strukturentwicklung_im_Fleischerhandwerk.pdf

38 www.fleischerberufe.de/berufe/fleischer/zahlen-fakten/#berufsbild-menu

39 Informationen der Handwerkskammer Frankfurt und der Innung Frankfurt-Darmstadt-Offenbach.

40 www.zeit.de/2012/52/Kuechengeschichte-Deutschland-Gastarbeiter

41 de.statista.com/infografik/12209/tk-pizza-absatz-in-deutschland/

42 Informationen von Fraport und www.sueddeutsche.de/wirtschaft/luftverkehr-frankfurt-am-main-mehr-als-70-millionen-passagiere-am-frankfurter-flughafen-dpa.urn-newsml-dpa-com-20090101-191227-99-275493

43 www.faz.net/aktuell/rhein-main/frankfurt/einzelhandel-gastronomie-soll-kunden-in-shopping-center-locken-14610698.html

44 https://www.aerotelegraph.com/wie-das-essen-ins-flugzeug-kam-geschichte;

45 https://www.spiegel.de/reise/aktuell/flugzeugessen-besuch-bei-lsg-sky-chefs-in-frankfurt-a-977372.html

46 www.handelsdaten.de/branchen/fleischereien

47 Die vergessene Generation: Die Kriegskinder brechen ihr Schweigen / Sabine Bode / Klett-Cotta

48 www.faz.net/aktuell/wirtschaft/ein-metzger-ueber-fridays-for-future-und-die-fleischsteuer-16329377.html / FAZ/13.08.2019/Wer Fleisch isst, muss kein schlechtes Gewissen haben/

49 Kein Fressen ohne Moral von Julia Bähr (FAZ 11.05.2020).

https://zeitung.faz.net/faz/feuilleton/2020-05-11/1d8a30b902cc28666b380d8af901226f/?GEPC=s5

50 DER SPIEGEL Nr. 33/10.8.2019/ Wie lebende Maschinen/ Zitat: »Der Ethiker Peter Singer, der an der Universität Princeton lehrt, gebraucht das Wort ›Speziesismus‹, um den Blick des Menschen auf das Tier zu beschreiben. Er meint seine verzerrte Perspektive zugunsten der eigenen Spezies …«

51 DER SPIEGEL Nr. 33/10.8.2019/ Wie lebende Maschinen.

52 www.fleischwirtschaft.de/verkauf/nachrichten/Fleischkonsum-Pro-Kopf-Verzehr-steigt-leicht-38984

53 de.wikipedia.org/wiki/Fleischkonsum_in_Deutschland#Aktueller_Fleischkonsum_in_Deutschland

54 www.tagesspiegel.de/wirtschaft/tierwohl-und-fleischkauf-was-die-deutschen-sagen-und-was-sie-wirklich-kaufen/23939308.html

55 www.bundestag.de/dokumente/textarchiv/2013/47447610_kw49_grundgesetz_20a-213840

56 www.welt.de/wirtschaft/article164926260/Warum-Reiche-immer-weniger-fuer-Essen-ausgeben.html

57 www.fleischwirtschaft.de/wirtschaft/charts/Ranking-Die-groessten-Schweine-schlachter-36561)

58 www.agrarheute.com/land-leben/fleischkonsum-diese-laender-konsumieren-meisten-528934

59 www.wwf.de/themen-projekte/landwirtschaft/ernaehrung-konsum/fleisch/schwein/

60 www.wwf.de/themen-projekte/landwirtschaft/ernaehrung-konsum/fleisch/schwein/

61 www.bmel-statistik.de/

62 www.spiegel.de/gesundheit/ernaehrung/vegetarier-nur-vier-prozent-der-menschen-in-deutschland-leben-fleischlos-a-1128290.html

www.spiegel.de/gesundheit/ernaehrung/vegane-ernaehrung-die-wichtigsten-informationen-a-1221385.html

www.ernaehrungs-umschau.de/fileadmin/Ernaehrungs-Umschau/pdfs/pdf_2016/04_16/EU04_2016_M220-M230.pdf

63 www.umweltbundesamt.de/daten/flaeche-boden-land-oekosysteme/flaeche/struktur-der-flaechennutzung#die-wichtigsten-flachennutzungen

64 https://globale-allmende.de/umwelt/biosphaere/landwirtschaft-flaechennutzung

www.umweltbundesamt.de/sites/default/files/medien/479/publikationen/globale_landflaechen_und_biomasse_kurz_deutsch_bf.pdf

https://monstermaschine.wordpress.com/2012/05/07/flaechenverteilung-der-erde/

www.global2000.at/sites/global/files/Bodenatlas2015.pdf

www.zdf.de/nachrichten/heute/flaechenverbrauch-die-erde-in-der-zange-100.html

65 Warum es uns noch nie so gut ging / Martin Schröder / Benevento Verlag 2018 / weltweit 300 Tote / Deutschland 0 Tote

66 https://zeitung.faz.net/faz/unternehmen/2020-05-09/2ce69fe0d48bcf084d676d5a5df26a88/?GEPC=s5

Corona-Alarm im Schlachthof, 09.05.2020.

67 Hubertus Heil (SPD).

68 https://www.stern.de/gesundheit/virologe-christian-drosten–wir-haben-in-deutschland-einige-vorteile-gegenueber-anderen-laendern–9190450.html?fbclid=IwAR3RuQevxyzGMGfrQZO3Sl1vnXDGOrpU8-_7yJ98tTn6N8ohj2xCYvCgqz4

69 https://www.spektrum.de/news/sars-und-covid-19/1732972?utm_source=pocket-newtab

70 https://www.wwf.de/aktuell/corona-notspende/corona-virus-wie-uns-artenschutz-vor-krankheiten-schuetzen-kann/?gclid=EAIaIQobChMIv-ie44mz6QIVRuN3Ch1Hjw0iEAAYASAAEgJ1M_D_BwE

71 ESST RUHIG FLEISCH / Winand von Petersdorff / FAS Wirtschaft 20.10.2019.

72 mobil.wwf.de/fileadmin/fm-wwf/Publikationen-PDF/WWF_Studie_Nahrungs mittelverbrauch_und_Fussabduecke_des_Konsums_in_Deutschland.pdf

73 www.fleischwirtschaft.de/verkauf/nachrichten/Fleischkonsum-Pro-Kopf-Verzehr-steigt-leicht-38984

74 Dein Körpernavigator / Uwe Knop / Polarise 2019.

75 Germany's next Topmodel.

76 www.rki.de/DE/Content/Gesundheitsmonitoring/Gesundheitsberichterstattung/GBEDownloadsJ/JoHM_03_2018_KiGGS-Welle2_Gesundheitliche_Lage.pdf?__blob=publicationFile

77 www.zeit.de/wissen/gesundheit/2017-10/uebergewicht-kinder-fettleibigkeit-who-adipositas/komplettansicht

78 www.zeit.de/wissen/gesundheit/2017-10/uebergewicht-kinder-fettleibigkeit-who-adipositas/komplettansicht

79 www.deutschlandfunkkultur.de/udo-pollmers-mahlzeit-warum-kunstfleisch-hoechst-bedenklich.3522.de.html?dram:article_id=434664

80 www.aerzte-gegen-tierversuche.de/de/projekte/stellungnahmen/2487-stellungnahme-fetales-kaelberserum

81 www.zeit.de/wissen/2017-10/in-vitro-fleisch-labor-zellulaere-landwirtschaft-finless-foods/seite-3

82 www.faz.net/aktuell/wirtschaft/unternehmen/wiesenhof-chef-peter-wesjohann-ueber-bio-huehner-und-das-klima-16327440.html und FAS/»Das Bio-Huhn ist schlecht fürs Klima«/11.08.2019

83 FAZ/Auf einmal essen alle fleischlos/27.08.2019.

84 FAZ/Auf einmal essen alle fleischlos/27.08.2019.

85 www.oekotest.de/essen-trinken/Vegane-Burger-im-Test-Jeder-zweite-Patty-verunreinigt-mit-Mineraloel_10922_1.html

86 www.morgenpost.de/ratgeber/article227451843/Oeko-Test-straft-vegane-Burger-ab-Darum-raten-Tester-vom-Verzehr-ab.html

87 www.welt.de/wirtschaft/article175513244/Fleisch-Toennies-beendet-sein-Veggie-Abenteuer.html

88 www.sueddeutsche.de/wirtschaft/agrar-kloeckner-bullerbue-bauern-koennen-menschen-nicht-ernaehren-dpa.urn-newsml-dpa-com-20090101-200116-99-495311

89 www.welt.de/regionales/frankfurt/article118800111/Metzger-protestieren-gegen-Veggie-Day-Initiative.html

90 https://www.welt.de/regionales/nrw/article185187740/Unterwegs-mit-Fleischsommelier-Christoph-ist-der-Star-der-Fleischszene-schlechthin.html

91 FAZ / Das Billigschnitzel darf bleiben / Julia Löhr / 04.02.2020.